Pautsch/Raab

Fälle und Lösungen zum Kommunalrecht Baden-Württemberg

Fälle und Lösungen zum Kommunalrecht Baden-Württemberg

Fallsammlung mit Lösungen

von

Prof. Dr. iur. Arne Pautsch
Hochschule für öffentliche Verwaltung und Finanzen
Ludwigsburg

und

Andreas Raab
Bürgermeister a. D., Oberbürgermeister a.D., Lehrbeauftragter
an der Hochschule für öffentliche Verwaltung und Finanzen
Ludwigsburg

Kommunal- und Schul-Verlag · Wiesbaden

Bibliografische Information der Deutschen Nationalbibliothek
Die Deutsche Nationalbibliothek verzeichnet diese Publikation in der Deutschen Nationalbibliografie; detaillierte bibliografische Daten sind im Internet über http://dnb.dnb.de abrufbar.

Satz: Kumpernatz + Bromann · Schenefeld b. Hamburg
Druck: CPI books

ISBN 978-3-8293-1561-6

Vorwort

Das Kommunalrecht – und hier vor allem das Kommunale Verfassungsrecht – gehört zu den besonders wichtigen Materien in der verwaltungswissenschaftlichen Ausbildung an den Hochschulen für öffentliche Verwaltung des Landes Baden-Württemberg. Es bildet dort gleichsam das Herzstück des Grundstudiums im Studiengang Public Management, weil es die kommunale Praxis im Studium widerspiegelt bzw. widerspiegeln muss. Kommunalrechtliche Lehrveranstaltungen „leben“ davon, dass sich der Verwaltungsalltag vor allem aus den Rathäusern auch in den Vorlesungen und Seminaren wiederfindet. Dies war und ist die Triebfeder der Autoren, beide mit umfassender kommunaler Praxiserfahrung in leitender Position ausgestattet und langjährig in der Lehre im Fach Kommunalrecht tätig, den vielfältigen Lehrwerken zum Kommunalrecht Baden-Württembergs eine Fallsammlung mit Lösungen hinzu zu gesellen. Das Werk wendet sich in erster Linie an die Studierenden beider Verwaltungshochschulen (Kehl und Ludwigsburg), soll aber auch Studierenden der Rechtswissenschaften an den Universitäten eine Hilfestellung bei der Erarbeitung des bedeutsamen Rechtsgebiets des Kommunalrechts bieten. Im Mittelpunkt sollen die Fälle stehen, die zusammen mit den vorgeschlagenen Lösungshinweisen vor allem für sich sprechen sollen und der eigenständigen Bearbeitung dienen sollen. Das verzichtet somit – abgesehen von einem kurzen einleitenden Kapitel 1 – auf umfassende Ausführungen. Insoweit sei auf die vielfältigen am Buchmarkt verfügbaren Lehrbücher, Kommentare etc. verwiesen.

Für Anregungen, Kritik und Verbesserungsvorschläge sind wir stets sehr dankbar.

Ludwigsburg, im Juni 2020

Prof. Dr. Arne Pautsch
Andreas Raab

Inhaltsübersicht

1. Einleitung und Methodik der Fallbearbeitung im Kommunalrecht

1.1 Einleitung und Zielsetzung dieses Buches

Dieses Buch möchte anhand von insgesamt über 50 Fällen und aufbereiteten Lösungen das Lehrgebiet des Kommunalrechts in Baden-Württemberg illustrieren und den maßgeblichen Lehrstoff systematisch nachzeichnen. Die Darstellung orientiert sich zuvörderst an den Kerncurricula des Faches Kommunales Verfassungsrecht, wie es nach Maßgabe der Ausbildungs- und Prüfungsordnung sowie der Studien- und Prüfungsordnungen für den gehobenen nichttechnischen Verwaltungsdienst – Studiengänge Public Management (B. A.) – Innenverwaltung – an den beiden Hochschulen des Landes für öffentliche Verwaltung in Kehl und Ludwigsburg in den entsprechenden Modulen (insbesondere gegenwärtig das Modul 4 – „Kommunales Wirtschafts- und Verfassungsrecht") festgelegt ist. Hieran orientieren sich mithin auch die entsprechenden Stoffverteilungspläne. Die Lehrveranstaltungen werden ergänzt durch Fälle mit einem ausgeprägten Praxisbezug. Entlang den wichtigsten Themen sind in diesem Buch zunächst im zweiten Teil 56 Kurzfälle mit entsprechenden Lösungsvorschlägen systematisch dargestellt. Sie flankieren gewissermaßen die Vorlesungen, indem Fallkonstellationen aus der Praxis, wie sich typischerweise im kommunalen Arbeitsalltag ergeben, dem relevanten Vorlesungsstoff zur Seite gestellt werden. Das Buch wendet sich somit in erster Linie an Studierende der beiden Verwaltungshochschulen des Landes, da es den Pflichtfachstoff anhand von konkreten Fallstudien zu wiederholen und zu vertiefen sucht. Ausgeblendet bleiben dabei die Teilgebiete des Kommunalrechts, welche dem kommunalen Wirtschafts- und Haushaltsrecht zugeordnet sind. Dieses Buch beschränkt sich also im Kern auf die fallbezogene Darstellung des Gemeindeverfassungsrechts, einschließlich des Rechts der kommunalen Zusammenarbeit und der Grundzüge des Landkreisrechts.

Gleichwohl eignet sich das Buch überdies auch zum Einstieg und zur Vertiefung des Kommunalrechts als Teil des besonderen Verwaltungsrechts, wie es im Rahmen des rechtswissenschaftlichen Studiums an den juristischen Fakultäten seit jeher gelehrt wird und auch Gegenstand der Pflichtfachprüfung in den juristischen Staatsexamina, vor allem in der Ersten juristischen (Staats)Prüfung ist. Jedenfalls soweit es um das materielle Kommunalrecht geht, bilden die hier dargestellten Fälle eine geeignete Möglichkeit, den examensrelevanten Stoff auf dem Gebiet des Öffentlichen Rechts aufzubereiten und zu wiederholen.

Allen Zielgruppen möchte dieses Buch somit eine Hilfestellung und Handreichung sein.

1.2 Die Fallbearbeitung im Kommunalrecht

Das Kommunalrecht ist eine im besonderen Maße praxisbezogene und durch die gemeindliche bzw. kreisliche Praxis geprägtes Rechtsgebiet. Dies wirkt sich auch auf die Methodik der Fallbearbeitung aus. Die hier aufgezeigten Fallstudien bilden also in gewisser Weise die „Lebenswirklichkeit" in den Rathäusern und Landratsämtern ab, indem besonders typische Situationen vorgegeben werden, in die sich die Bearbeiterinnen und Bearbeiter jeweils hineinversetzen sollen, weil sie in gleicher oder ähnlicher Weise als Bedienstete der Kommune damit auch in der späteren Berufspraxis befasst sein könnten und daher in der Lage sein müssen,

1. das jeweilige Problem des konkreten Falles zu erkennen,
2. dieses gutachtlich sauber und juristisch korrekt zu bearbeiten und
3. die gefundene Lösung jeweils verwaltungspraktisch zusammenzufassen.

Die Perspektive, die bei der Fallbearbeitung im Kommunalrecht dabei jeweils einzunehmen ist, ist in erster Linie diejenige der Binnensicht einer Gemeinde, ggf. auch eines Gemeindeverwaltungsverbands oder eines Zweckverbands. Es kommt also darauf an, etwa alle wesentlichen Aspekte im Zusammenhang mit der Vorbereitung einer Gemeinderatssitzung zu berücksichtigen, die Anforderungen an den ordnungsgemäßen Satzungserlass zu kennen, das Verhältnis der Organe untereinander bestimmen zu können oder aber – etwas aus dem Blickwinkel des (Ober-)Bürgermeisters – beurteilen zu können, ob einem Beschluss des Gemeinderats etwa wegen Gesetzeswidrigkeit zu widersprechen ist. Damit sind einige der in dem Buch behandelten Fallkonstellationen lediglich umrissen. Überdies sind – gerade im dritten Kapitel – auch Situationen, eingekleidet in sog. „große Fälle", dargestellt, bei denen es exemplarisch um die Prüfung der Rechtmäßigkeit von Verwaltungsakten i. S. von § 35 Satz 1 LVwVfG geht. Hieran wird deutlich, dass es auch im Kommunalrecht – als Teil des besonderen Verwaltungsrechts – auch Konstellation gibt, die sich gut in verwaltungsverfahrensrechtliche oder sogar verwaltungsprozessrechtliche Aufgabenstellungen integrieren lassen. Besonders geeignet ist in diesem Zusammenhang die auch in den juristischen Staatsprüfungen durchaus geläufige Prüfung der Rechtmäßigkeit von Maßnahmen der Rechtsaufsicht, insbesondere von Beanstandungsverfügungen nach § 121 GemO. Hier kommt dann häufig das Landratsamt als zuständige Rechtsaufsichtsbehörde ins Spiel, und es handelt sich in diesen Fallkonstellationen zumeist um die Prüfung einer gesamten Behördenentscheidung, mitunter sogar einschließlich eines entsprechenden Entscheidungsvorschlags. Ebenfalls mit Bezug zum Verwaltungsakt nach § 35 Satz 1 LVwVfG sind – gleichsam als „Klausurklassiker" –

auch die Fälle, in denen es um die Benutzung von bzw. die Zulassung zu öffentlichen Einrichtungen geht. Auch hierzu ist ein „großer Fall“ im dritten Kapitel vorgesehen. Auch wenn kommunalrechtliche Fälle in den Klausuren des Grundstudiums an den Verwaltungshochschulen zumeist eher darin bestehen, dass mehrere „kleinere Fälle“ (wie im zweiten Kapitel dargestellt) zur jeweils (kurz-)gutachterlichen Bearbeitung gestellt werden, sind gerade „große“ Kommunalrechtsfälle (im Sinne des dritten Kapitels) durchaus geeignet, den Gegenstand von Klausuren aus dem Verwaltungs- bzw. Verwaltungsprozessrecht zu bilden.

2. Einzelfallstudien zum Kommunalrecht Baden-Württemberg

Fall 1 (Satzungsrecht – Öffentliche Bekanntmachungen – § 4 GemO)

Aufgabentext

Der Gemeinderat von Rothofen besteht aus dem Bürgermeister und 18 Gemeinderäten. In der Sitzung am 11.6.2018, bei der der Bürgermeister und 16 Gemeinderäte anwesend waren, hat der Gemeinderat die Hauptsatzung der Gemeinde geändert. Die öffentlichen Bekanntmachungen der Gemeinde erfolgten bislang ausschließlich im Mitteilungsblatt der Gemeinde. Nach der Änderung der Hauptsatzung sollen nunmehr „eilige Mitteilungen" der Gemeinde nicht mehr im wöchentlich erscheinenden Mitteilungsblatt erfolgen, sondern in einer der beiden örtlichen Tageszeitungen. Die Beschlussfassung erfolgte mit neun Ja-Stimmen und acht Nein-Stimmen. Der Herausgeber der nicht berücksichtigten Tageszeitung ist über den Vorgang empört und bittet Sie um gutachtliche Stellungnahme. Insbesondere möchte er wissen, welche rechtlichen Möglichkeiten er gegen diese Neuregelung hat. Was werden Sie ihm antworten?

Lösungsvorschlag

Das Recht zum Erlass von Satzungen der Gemeinde ergibt sich aus § 4 Gemeindeordnung (GemO). Schon aus dem Öffentlichkeitsgrundsatz heraus ergibt sich zunächst die Notwendigkeit des Erlasses von Regelungen über die amtlichen Bekanntmachungen. Damit soll die Bevölkerung in die Lage versetzt werden, Kenntnis von gemeindlichen Plänen und Handlungen zu erlangen. Dies soll auch dazu dienen, die Bevölkerung für ihre Gemeinde zu interessieren. Wenn die Regelungen über die öffentlichen Bekanntmachungen, wie hier in die Hauptsatzung, aufgenommen werden, so muss allerdings nach § 4 Abs. 2 GemO eine Satzungsänderung mit der Mehrheit aller Stimmen des Gemeinderats beschlossen werden. Die hier vorhandene Mehrheit der Stimmen der anwesenden Stimmberechtigten genügt dagegen nicht. Schon aus diesem Grund ist die Satzungsänderung hier unwirksam. Aber auch aus materiell-rechtlichen Gründen kann die Satzungsänderung keine Rechtskraft erlangen. Die bisher normierte Veröffentlichung aller amtlichen Mitteilungen war klar und eindeutig. Für die Bevölkerung war damit das Mitteilungsblatt der Gemeinde der Garant für eine umfassende Information. Diese Regelung entsprach auch § 1 Verordnung des Innenministeriums zur Durchführungsverordnung der Gemeindeordnung (DVO GemO). Nach § 1 Abs. 1 DVO GemO können öffentliche Bekanntmachungen der Gemeinde, soweit keine sondergesetzlichen Bestimmungen bestehen, in mehreren Formen durchgeführt werden. Nach Nr. 1 durch Einrücken in das eigene Amtsblatt der Gemeinde, nach Nr. 2 durch Einrücken in eine bestimmte, regelmäßig erscheinende Zeitung, nach Nr. 3 durch Bereitstellung im Internet oder nach Nr. 4, sofern die Gemeinde weniger als 5000 Einwohner hat, durch Anschlag an der Verkündungstafel des Rathauses und an den sonstigen hierfür bestimmten Stellen während der Dauer von mindestens einer Woche, wobei gleichzeitig durch das Amtsblatt, die Zeitung oder auf andere geeignete Weise auf den Anschlag aufmerksam zu machen ist. Die Form der öffentlichen Bekanntmachung ist im Einzelnen durch Satzung zu bestimmen. Aus dem in Art. 20 Abs. 3 i. V. m. Art. 103 Abs. 2 Grundgesetz (GG) verankerten Rechtsstaatsprinzip ergibt sich zudem, dass der Satzungsinhalt ausreichend bestimmt und aus sich heraus verständlich sein muss. Die neue Regelung in der Hauptsatzung, dass nunmehr „eilige Mitteilungen“ der Gemeinde nicht mehr im wöchentlich erscheinenden Mitteilungsblatt erfolgen sollen, sondern in einer der beiden örtlichen Tageszeitungen, enthält dagegen mit „eilige Mitteilungen“ einen unbestimmten Rechtsbegriff. Wie und woher soll jedoch die Bevölkerung wissen, bei welcher amtlichen Mitteilung es sich um eine „eilige“ handelt. Der Bürgermeister müsste deshalb seiner Widerspruchspflicht aus § 43 Abs. 2 GemO genügen oder die Rechtsaufsichtsbehörde gemäß §§ 118 ff. GemO tätig werden. Daneben steht dem Herausgeber der anderen Tageszeitung das Recht des Normenkontrollantrags gemäß § 47 Verwaltungsgerichtsordnung (VwGO) beim Verwaltungsgerichtshof Baden-Württemberg (VGH) zu.

Fall 2 (Öffentliche Einrichtungen – § 10 GemO)

Aufgabentext

Nachdem es immer wieder Ärger mit der Belegung der örtlichen Mehrzweckhalle gegeben hatte, beschloss der Gemeinderat von Blauberg, dass künftig nur noch Personen, die seit mindestens drei Monaten in Blauberg mit Hauptwohnsitz gemeldet sind, einen Anspruch auf Überlassung der Mehrzweckhalle haben. In dem Beschluss wird die Nutzung der Mehrzweckhalle zudem auf kulturelle Veranstaltungen beschränkt. Außerdem heißt es in dem Gemeinderatsbeschluss, dass nur Vereine mit Sitz in Blauberg und nur „demokratische Parteien“ mit Sitz in Blauberg eine Überlassung der Halle beantragen können, diese dann aber die Halle kostenfrei nützen können. Bitte beurteilen Sie diese Vorgänge gutachtlich.

a) *Als daraufhin eine rechtsextreme Partei die Überlassung der Mehrzweckhalle für eine „Kameradschaftsfeier" beantragt, lehnt der Bürgermeister diesen Antrag unter Verweis auf den Gemeinderatsbeschluss ab. Sind Sie auch seiner Auffassung, oder wie sehen Sie die Rechtslage?*

b) *Die sehr erfolgreich im Discobereich tätige Musikgruppe „Black Six", die aus sechs mit Hauptwohnsitz in Blauberg gemeldeten Berufsmusikern besteht, verlangt unter Hinweis auf die unentgeltliche Überlassung der Mehrzweckhalle sowohl die Überlassung der Halle und in Sachen Kostenfreiheit Gleichbehandlung mit den örtlichen Musikvereinen. Hat sie darauf einen Anspruch? Der Bürgermeister jedenfalls hatte die kostenfreie Überlassung abgelehnt. Bitte beurteilen Sie den Sachverhalt gutachtlich.*

c) *Die Firma Ölmeister GmbH, die ihren Sitz in Blauberg hat, beantragte durch ihren in einer Nachbarstadt wohnenden Geschäftsführer die Überlassung der Mehrzweckhalle für eine Weihnachtsfeier mit Darbietungen örtlicher Vereine und mit Übergabe einer Spende für wohltätige Zwecke. Der Bürgermeister lehnte den Antrag unter Hinweis auf den auswärtigen Wohnsitz des Geschäftsführers ab. Nach dieser Entscheidung kommen ihm jedoch Zweifel und er wendet sich mit der Bitte um Rechtsauskunft an Sie.*

Lösungsvorschlag

1. Grundsätzliches zum Beschluss des Gemeinderats

Bei einer gemeindeeigenen Mehrzweckhalle handelt es sich um eine öffentliche Einrichtung i. S. von § 10 GemO. Nach § 10 Abs. 2 GemO schafft die Gemeinde in den Grenzen ihrer Leistungsfähigkeit die für das wirtschaftliche, soziale und kulturelle Wohl ihrer Einwohner erforderlichen öffentlichen Einrichtungen. Die Einwohner sind im Rahmen des geltenden Rechts berechtigt, die öffentlichen Einrichtungen der Gemeinde nach gleichen Grundsätzen zu benutzen und sie sind verpflichtet, die Gemeindelasten zu tragen. Einwohner der Gemeinde ist nach der Definition in § 10 Abs. 1 GemO, wer in der Gemeinde wohnt. Im vorliegenden Fall könnte deshalb der Gemeinderatsbeschluss in mehrerlei Hinsicht gegen geltendes Recht verstoßen. Zum einen handelt es sich bei dem Beschluss offensichtlich um einen einfachen Beschluss, der keine Hervorgehobenheit gegenüber „normalen", sozusagen „alltäglichen" Regelungen durch den Gemeinderat aufweist. Zwar sind vom Grundsatz her Einschränkungen des Zulassungsanspruchs der Einwohner und anderer berechtigter Personen denkbar (und oft auch in der Praxis gar nicht zu vermeiden), doch erfordert eine solche Einschränkung eines gesetzlichen Zulassungsanspruchs nach ständiger Rechtsprechung eine Anordnung mit Rechtssatzcharakter. Für eine solche ist zwar der Inhalt maßgeblich und nicht die äußere Form, dessen ungeachtet hätte im vorliegenden Fall bei der Bedeutung der gewollten Regelung wenigstens eine Art „Benutzungsordnung" erlassen werden müssen. Allein dieser Mangel führt zur formellen Rechtswidrigkeit des Beschlusses und seiner Regelungen. Aber auch in materieller Hinsicht weist der Beschluss des Gemeinderats Fehler auf. § 10 Abs. 1 GemO weist ausdrücklich den Begriff „Einwohner" auf und definiert diesen damit, dass jeder Einwohner ist, der in der Gemeinde wohnt. Die im vorliegenden Gemeinderatsbeschluss vorgenommene Reduzierung des Benutzungsanspruchs auf Bürger verstößt damit eindeutig gegen die klare und auch vom Gesetzgeber so gewollte Regelung des § 10 Abs. 1 GemO und ist damit rechtswidrig. Zudem verstößt der Beschluss gegen § 10 Abs. 3 GemO, nach dem Personen, die in der Gemeinde ein Grundstück besitzen oder ein Gewerbe betreiben und nicht in der Gemeinde wohnen, in derselben Weise berechtigt sind, die öffentlichen Einrichtungen, die in der Gemeinde für Grundbesitzer oder Gewerbetreibende bestehen, zu benutzen. Auch liegt ein Verstoß gegen die Regelung des § 10 Abs. 4 GemO vor, nach dem für juristische Personen und nicht rechtsfähige Personenvereinigungen dieselben Grundsätze gelten.

2. Einzelne Rechtsfragen zu a)–c)

Zu a)

Zwar kann grundsätzlich (s. o.) eine Einschränkung der Nutzungsmöglichkeit einer öffentlichen Einrichtung vorgenommen werden, doch nur unter sehr engen Voraussetzungen. Bezüglich der Zulassung von Veranstaltungen politischer Parteien beanspruchen zudem die besonderen Schutzrechte in Art. 21 Abs. 1 Grundgesetz (GG) Geltung *(„Die Parteien wirken bei der politischen Willensbildung des Volkes mit.")*. Es entspricht deshalb ständiger Rechtsprechung, dass nur bei einem Zugangsverbot innerhalb einer Benutzungssatzung für alle politischen Veranstaltungen aller politischen Parteien in einer öffentlichen Einrichtung eine rechtmäßige Ablehnungsgrundlage besteht. Der im Gemeinderatsbeschluss vorgenommene Ausschluss, dass „nur „demokratische Parteien" mit Sitz in der Gemeinde eine Überlassung der Halle beantragen können", widerspricht damit dem Zulassungsanspruch des § 10 Abs. 4 GemO i. V. m. Art.3 und 21 GG und § 5 Parteiengesetz (PartG) und ist somit rechtswidrig. (Anzumerken wäre der Vollständigkeit halber noch, dass nach der derzeitigen Rechtsprechung, u. a. des Bundesverfassungsgerichts, das Vorhandensein einer örtlichen Parteigliederung für den Benutzungsanspruch nicht erforderlich ist).

Zu b)

Nach § 10 Abs. 2 GemO sind die Einwohner im Rahmen des geltenden Rechts berechtigt, die öffentlichen Einrichtungen der Gemeinde nach gleichen Grundsätzen zu benutzen. Da alle Mitglieder der Musikgruppe Einwohner der Gemeinde sind, ist zunächst ein Zulassungsanspruch gegeben. Fraglich ist, ob der Beschluss des Gemeinderats hier der Zulassungsanspruchsvoraussetzung „nach gleichen Grundsätzen" widerspricht, da von den Musikvereinen kein Entgelt erhoben wird, die Musikgruppe aber eine Benutzungsgebühr zahlen soll. Da es sich bei der Musikgruppe nach der vorliegenden Sachverhaltsschilderung jedoch um eine sehr erfolgreich kommerziell agierende Gruppe handelt, besteht ein gravierender Unterschied zu den ehrenamtlich tätigen örtlichen Vereinen. Im Grundsatz kann die Handlungsweise der Gemeinde in einem so gelagerten Sachverhalt deshalb nicht beanstandet werden.

Zu c)

Grundsätzlich kommt es bezüglich eines Überlassungsanspruchs nicht auf den Wohnsitz des Geschäftsführers eines Unternehmens an, sondern auf den Sitz der Firma. Dies ergibt sich aus § 10 Abs. 3 GemO, nachdem Personen, die in der Gemeinde ein Grundstück besitzen oder ein Gewerbe betreiben und nicht in der Gemeinde wohnen, in derselben Weise berechtigt sind, die öffentlichen Einrichtungen zu benutzen, die in der Gemeinde für Grundbesitzer oder Gewerbetreibende bestehen. Der Geschäftsführer ist als Person gesetzlicher Vertreter der GmbH. Der Firma hätte in diesem Fall durchaus die Halle – gegebenenfalls gegen Gebühr – überlassen werden müssen.

Fall 3 (Öffentliche Einrichtungen – § 10 GemO)

Aufgabentext

Die Bewohner einer gemeindeeigenen Obdachlosenunterkunft hatten sich geweigert, eine Gebühr i. H. v. 100,00 Euro je Monat und Wohnplatz ab dem 1.1.2016 zu entrichten. Die Gebührenbescheide waren unter Bezug auf die Satzung der Kommune zur Benutzung von Obdachlosen- und Flüchtlingsunterkünften gefertigt und zugestellt worden. Die Bewohner der Obdachlosenunterkunft hatten dagegen geltend gemacht, dass sie die Zahlung der Benutzungsgebühren zu Recht ausgesetzt hätten, da sie der Gemeinde die

Schimmelbildung in der Unterkunft bereits seit dem Jahr 2010 angezeigt und Mietminderung nach dem Bürgerlichen Gesetzbuch (BGB) geltend gemacht hätten. Der Bürgermeister der Gemeinde ist noch neu im Amt und bittet Sie um gutachtliche Bewertung des Sachverhalts. Was werden Sie ihm antworten?

Lösungsvorschlag

Nach § 10 Abs. 2 GemO schafft die Gemeinde in den Grenzen ihrer Leistungsfähigkeit die für das wirtschaftliche, soziale und kulturelle Wohl ihrer Einwohner erforderlichen öffentlichen Einrichtungen. Die Einwohner sind im Rahmen des geltenden Rechts berechtigt, die öffentlichen Einrichtungen der Gemeinde nach gleichen Grundsätzen zu benutzen. Sie sind verpflichtet, die Gemeindelasten zu tragen. Daran gemessen ist zunächst festzustellen, dass es sich bei einer gemeindeeigenen Obdachlosenunterkunft um eine öffentliche Einrichtung i. S. des § 10 GemO handelt. Denn die Abwehr bzw. Verhinderung von Obdachlosigkeit ist eine verpflichtende kommunale Aufgabe im Rahmen der Daseinsvorsorge. Mit der Zuweisung zu einer solchen Unterkunft wird dabei ein öffentlich-rechtliches Benutzungsverhältnis begründet. Dies wiederum hat zur Folge, dass das von der Gemeinde geforderte Benutzungsentgelt eine Gebühr i. S. von § 13 Abs. 1 Kommunalabgabengesetz (KAG) ist. Für den Anspruch der Gemeinde auf Entrichtung der Gebühr sind daher die Bestimmungen des KAG maßgebend.

Wenn die Obdachlosenunterkunft nicht den Mindestanforderungen an eine menschenwürdige Unterbringung entspricht, finden daher nicht die Vorschriften über die Mängelgewährleistung des Mietrechts Anwendung. Die Nutzer der Obdachlosenunterkunft können sich nämlich nicht auf mietrechtliche Vorschriften des BGB über die Minderung wegen Mängeln einer Mietsache stützen, da durch die Benutzung der Obdachlosenunterkunft ein öffentlich-rechtliches Benutzungsverhältnis zustande gekommen ist, auf das die Vorschriften des Mietrechts keine Anwendung finden. Demzufolge sind Benutzer einer Obdachlosenunterkunft gehalten, etwaige Mängel ihrer Unterkunft bei der zuständigen Behörde anzuzeigen und Abhilfe zu verlangen. Dagegen ist die Hinnahme dieser Umstände bei Nichtzahlung bzw. Kürzung der festgesetzten Benutzungsgebühr nicht möglich. (Kommunalabgabenrechtliche Anmerkungen: Zudem ist die Höhe der Benutzungsgebühren nach § 14 KAG von den Kosten der Einrichtung abhängig. Die Pflicht zur Entrichtung der Benutzungsgebühr entfällt jedoch grundsätzlich nicht. Diese kann allenfalls dann entfallen, wenn das aus dem rechtsstaatlichen Verhältnismäßigkeitsgrundsatz folgende kommunalabgabenrechtliche Äquivalenzprinzip verletzt ist. Dies wiederum setzt nach der Rechtsprechung des Bundesverwaltungsgerichts voraus, dass die Leistung des Bürgers in Gestalt der Gebühr und die konkrete Leistung der Verwaltung in einem gröblichen Missverhältnis zueinander stehen. Dies wäre etwa dann der Fall, wenn der Zustand der Obdachlosenunterkunft zu deren Unbenutzbarkeit führt.)

Fall 4 (Öffentliche Einrichtungen – § 10 GemO)

Aufgabentext

Eine politische Partei hatte von der Gemeinde Blauholz die Überlassung einer Gymnastikhalle für die Durchführung einer Informationsveranstaltung für ca. 50–80 Besucher begehrt. Die Gemeinde als Eigentümerin der Halle verlangt vor Abschluss eines Nutzungsvertrages über die Vergabe von Räumlichkeiten an externe Nutzer aber generell die Vorlage eines durch den Brandschutzbeauftragten genehmigten Bestuhlungsplans. So war es auch hier geschehen. Die Partei hatte sich allerdings geweigert, einen solchen Plan vorzulegen und hierzu geltend gemacht, dass die Gemeinde grundsätzlich verpflichtet sei, ihr die Gymnastikhalle zu überlassen, der verlangte genehmigte Bestuhlungsplan sei dagegen reine Willkür. Der Bürgermeister bittet Sie um gutachtliche Stellungnahme. Was werden Sie ihm antworten?

Lösungsvorschlag

Die Gymnastikhalle stellt eine öffentliche Einrichtung der Gemeinde i. S. von § 10 GemO dar. Über den in Baden-Württemberg in § 10 GemO geregelten allgemeinen Benützungsanspruch bei öffentlichen Einrichtungen hinaus folgt der Anspruch einer politischen Partei auf Raumvergabe grundsätzlich aus dem in Art. 21 Abs. 1 und Art. 3 Grundgesetz (GG) gewährleisteten Grundsatz der Chancengleichheit politischer Parteien. Nach § 5 Abs. 1 Parteiengesetz (PartG), der Ausfluss dieses Grundsatzes ist, sollen für den Fall, dass ein Träger öffentlicher Gewalt politischen Parteien Einrichtungen zur Verfügung stellt, alle Parteien gleich behandelt werden. Dies bedeutet, dass die hier betroffene Partei, sofern nicht eine sachlich begründete Ausnahme besteht, ebenso wie andere politische Parteien zur Nutzung der in Betracht kommenden Räume zuzulassen ist. Die Gemeinde aber ist nicht von vornherein verpflichtet, politischen Parteien überhaupt Räumlichkeiten zur Durchführung von Veranstaltungen zu überlassen. Vielmehr darf sie die Nutzung auf bestimmte Zwecke beschränken oder sie an bestimmte Auflagen knüpfen, soweit dies generell geschieht und alle politischen Parteien gleich behandelt werden. Dabei wird die Entscheidungsfreiheit der Kommune, in welchem Umfang sie politischen Parteien Zugang zu ihren Räumlichkeiten gewährt, grundsätzlich nur durch das Willkürverbot begrenzt. Dieses Verbot schließt eine Raumvergabepraxis aus, die im Verhältnis zu der Situation, die sie regeln soll, tatsächlich und eindeutig unangemessen ist. Daran gemessen ist jedenfalls die Forderung der Gemeinde, die Überlassung der Gymnastikhalle für eine politische Informationsveranstaltung generell von der Vorlage eines durch den Brandschutzbeauftragten genehmigten Bestuhlungsplanes abhängig zu machen, frei von Willkür. Vielmehr dient diese Maßnahme offensichtlich vor allem der Sicherheit der Nutzer und verschafft der Gemeinde den sachkundigen Nachweis, dass das Risiko eventuell drohender Schäden bei der Nutzung des Raumes in den Blick genommen und berücksichtigt wurde. Hier führt auch die Zahl der von der politischen Partei angegebenen voraussichtlichen Nutzer mit nur 50–80 Personen nicht dazu, dass die Forderung der Gemeinde von vornherein als willkürlich angesehen werden müsste. Darüber hinaus hat die politische Partei hier auch nicht glaubhaft gemacht, dass die tatsächliche Verwaltungspraxis der Gemeinde von der hier streitigen Forderung abweicht. Denn sämtliche externe Nutzer müssen vor dem Abschluss eines Raumüberlassungsvertrages aus Sicherheitsgründen einen entsprechenden Nachweis erbringen.

Fall 5 (Anschluss- und Benutzungszwang – § 11 GemO)

Aufgabentext

In der Satzung der Gemeinde Rotberg über den Anschluss- und Benutzungszwang gemäß § 11 GemO ist hinsichtlich der Wasserversorgung keine einzige Ausnahmemöglichkeit vorgesehen. Ein Nebenerwerbslandwirt mit zehn Schafen wurde in der Folge von der Gemeinde verpflichtet, zur Versorgung der Tiere mit Trinkwasser eine Leitung vom Gemeindenetz zu seinem Schafstall zu erstellen, bzw. durch die Gemeinde herstellen zu lassen. Der Aufwand dafür würde sich auf 6000,00 Euro belaufen. Dahingegen wäre nach Auffassung des Nebenerwerbslandwirts für die Versorgung der Schafe mit Trinkwasser ein Wasserwagen völlig ausreichend. Daraufhin hatte der Gemeinderat von Rotberg darüber beraten, ob es nicht angezeigt wäre, bestimmte Befreiungstatbestände vom Anschluss- und Benutzungszwang in die Satzung aufzunehmen. In der Diskussion wurde vom Bürgermeister der Standpunkt eingenommen, dass man damit „Tür und Tor" öffne. Zum Schluss würde die Gemeinde und damit die Allgemeinheit „auf den Kosten sitzenbleiben". Schließlich hatte sich der Gemeinderat einstimmig gegen die Satzungsänderung ausgesprochen. Der betroffene Nebenerwerbslandwirt ist über diesen Beschluss tief enttäuscht, Er bittet Sie um gutachtliche Bewertung und um eine Empfehlung, welche rechtlichen Möglichkeiten ihm offenstehen.

Lösungsvorschlag

Gemeinden können nach § 11 GemO unter bestimmten Voraussetzungen Regelungen erlassen, wonach die in ihrem Gebiet liegenden Grundstücke an Wasserleitung, Abwasserbeseitigung, Straßenreinigung, die Versorgung mit Nah- und Fernwärme oder ähnliche der Volksgesundheit oder dem Schutz der natürlichen Grundlagen des Lebens einschließlich des Klima- und Ressourcenschutzes dienende Einrichtungen angeschlossen werden müssen und die Benutzung dieser genannten Einrichtungen sowie der Schlachthöfe vorschreiben. Der Anschluss- und Benutzungszwang verletzt damit aber zumindest die Grundrechtspositionen der Art. 2 Abs. 1 und 14 Grundgesetz (GG). Deshalb kann nach § 11 Abs. 2 GemO die Satzung Ausnahmen zulassen. Beim Fehlen solcher Ausnahmevorschriften kann der Zwang enteignende Wirkung haben. Nach der höchstrichterlichen Rechtsprechung ist dies etwa dann der Fall, wenn das private Interesse das öffentliche Bedürfnis für die Einführung des Zwangs überwiegen würde. Dies scheint hier offensichtlich der Fall zu sein. In solchen Fällen muss eine Entschädigung gewährt oder eine Ausnahme zugelassen werden. Der Nebenerwerbslandwirt wäre auf den Verwaltungsrechtsweg und auf eine entsprechende Verpflichtungsklage gemäß § 42 Verwaltungsgerichtsordnung (VwGO) zu verweisen.

Fall 6 (Vertretungsverbot – § 17 GemO)

Aufgabentext

Hans Rettig ist von Beruf Rechtsanwalt. Außerdem ist er Gemeinderat in Blauberg, wo sich auch seine Kanzlei befindet. Dort ist er auch Vorstandsvorsitzender des Diakoniewerks Blauberg e. V.

An einem turbulenten Tag hatte er folgende Sachverhalte zu klären:

a) Morgens um 9.00 Uhr erhält er Besuch von seinem Nachbarn. Dessen Grundstück wurde vom Blauberger Gemeinderat nicht in das Plangebiet des Bebauungsplans für ein neues Wohngebiet mit aufgenommen, worüber der Nachbar empört ist. Er bittet Hans Rettig, für ihn eine Normenkontrollklage gegen den Bebauungsplan beim Verwaltungsgerichtshof Baden-Württemberg (VGH) einzureichen.

b) Um 10.00 Uhr sucht ihn Pfarrer Hans Selig auf, der 2. Vorsitzende des Diakoniewerks Blauberg e.V., und trägt ihm vor, dass er gar nicht damit einverstanden sei, dass der Blauberger Gemeinderat in der letzten Sitzung die Abmangelverträge bezüglich der ambulanten Krankenpflege mit dem Diakoniewerk gekündigt habe.

Zwar habe sich Hans Rettig als Vorsitzender des Diakoniewerks in der Gemeinderatssitzung für befangen erklärt, das dürfe ihn als gesetzlichen Vertreter des Diakoniewerks aber nicht davon abhalten, mit allen Mitteln gegen die Gemeinde Blauberg vorzugehen. Er fordere ihn auf, die Gemeinde auf Einhaltung der Verträge zu verklagen.

c) Um 11.00 Uhr erhält Hans Meyer dann noch Besuch von seinem 15-jährigen Sohn, der wegen unerlaubter Müllablagerung einen Bußgeldbescheid der Gemeinde Blauberg erhalten hat. Dieser bittet ihn, für ihn gegenüber der Gemeinde Blauberg tätig zu werden.

Um 12.00 Uhr ist Rechtsanwalt und Gemeinderat Hans Rettig „restlos bedient" und wendet sich an Sie mit der Bitte um Rat, welche Aufgaben er annehmen müsse oder dürfe. Was werden Sie ihm antworten?

Lösungsvorschlag

Ein Gemeinderat ist gemäß § 32 Abs. 1 GemO ein ehrenamtlich tätiger Bürger. Nach § 17 Abs. 3 GemO darf der ehrenamtlich tätige Bürger Ansprüche und Interessen eines anderen gegen die Gemeinde nicht geltend machen, soweit er nicht als gesetzlicher Vertreter handelt. Dies gilt für einen ehrenamtlich mitwirkenden Bürger nur, wenn die vertretenen Ansprüche oder Interessen mit der ehrenamtlichen Tätigkeit in Zusammenhang stehen. Vor diesem Hintergrund sind die einzelnen Fragestellungen wie folgt zu beantworten.

Zu a)

Als Gemeinderatsmitglied ist *Hans Rettig* mit allen Satzungen und damit mit allen Bebauungsplänen befasst, da diese allein durch den Gemeinderat aufgestellt werden können (und dürfen). Damit greift hier das Vertretungsverbot des § 17 Abs. 3 GemO. Er darf das Mandat nicht annehmen.

Zu b)

Gemeinderat *Hans Rettig* ist als Vorstandsvorsitzender gesetzlicher Vertreter des Diakoniewerks. Damit darf er in seiner Funktion als „Vorstandsvorsitzender" die Ansprüche gegenüber der Gemeinde geltend machen.

Zu c)

Gemeinderat *Hans Rettig* ist als Vater gesetzlicher Vertreter des minderjährigen Sohnes. Damit darf er die Abwehransprüche des Sohnes gegenüber dem Bußgeldbescheid der Gemeinde Blauberg geltend machen.

Fall 7 (Vertretungsverbot – § 17 GemO)

Aufgabentext

a) Franz Meyer ist Mitglied des Gemeinderats der Großen Kreisstadt Grünstadt. Hauptberuflich ist er als Geschäftsführender Gesellschafter der Firma Meyer GmbH tätig. Ein Mitarbeiter des Bauhofs der Stadt Grünstadt hat nun beim Schneeräumen den Zaun des Firmengeländes der Firma Meyer GmbH beschädigt. Stadtrat Franz Meyer ist sich nun nicht sicher, ob er als Geschäftsführender Gesellschafter den Schaden selbst bei der Stadt geltend machen kann, da er ja Mitglied des Gemeinderats ist. Er wendet sich an Sie und bittet Sie um Rechtsauskunft. Was werden Sie ihm empfehlen und warum?

b) Karl Schnell war vom Radarfahrzeug der Großen Kreisstadt Grünstadt „geblitzt" worden, als er in einem Streckenbereich einer Ortsstraße anstelle der erlaubten 50 km/h tatsächlich 73 km/h gefahren war, und hatte einen entsprechenden Bußgeldbescheid der Stadt erhalten. Rechtsanwalt Kurt Gscheidle, der Mitglied des Gemeinderats von Gelbhausen ist, war von Karl Schnell mit dessen rechtlicher Vertretung in der Bußgeldsache betraut worden. Der Oberbürgermeister von Grünstadt hatte von seiner Bußgeldstelle den Fall vorgelegt erhalten und dem Rechtsanwalt und Stadtrat Kurt Gscheidle mitgeteilt, dass er den Fall nicht hätte übernehmen dürfen, sowie diesen zu einer Geldbuße in Höhe von 200,00 Euro herangezogen.

Bitte nehmen Sie gutachtlich Stellung.

Lösungsvorschlag

Zu a)

Franz Meyer ist gemäß § 32 Abs. 1 GemO als Gemeinderatsmitglied ehrenamtlich tätig. Nach § 17 Abs. 3 Satz 1 GemO darf der ehrenamtlich tätige Bürger Ansprüche und Interessen eines anderen gegen die Stadt nicht geltend machen, soweit er nicht als gesetzlicher Vertreter handelt. *Franz Meyer* ist als Geschäftsführer aber gesetzlicher Vertreter der Firma Meyer GmbH.

Ergebnis: *Franz Meyer* darf daher die Ansprüche gegen die Gemeinde geltend machen.

Zu b)

Rechtsanwalt *Kurt Gscheidle* ist als Mitglied des Gemeinderats gemäß § 32 Abs. 1 GemO ehrenamtlich tätig. Der ehrenamtlich tätige Bürger darf nach der Vorschrift des § 17

Abs. 3 Satz 1 GemO Ansprüche und Interessen eines anderen gegen die Stadt nicht geltend machen, soweit er nicht als gesetzlicher Vertreter handelt. Allerdings gilt dies nach § 17 Abs. 3 Satz 2 GemO für einen ehrenamtlich mitwirkenden Bürger nur dann, wenn die vertretenen Ansprüche oder Interessen mit der ehrenamtlichen Tätigkeit in Zusammenhang stehen. Die Tätigkeit der Großen Kreisstadt Grünstadt auf dem Gebiet des Straßenverkehrswesens, hier speziell der Geschwindigkeitskontrolle, ist aber eine Tätigkeit der unteren Verwaltungsbehörde. Da die Mitglieder des Gemeinderats damit grundsätzlich nicht befasst werden, steht diese Tätigkeit in keinem Zusammenhang mit der ehrenamtlichen Tätigkeit als Mitglied des Gemeinderats. Damit aber war hier der Stadtrat und Rechtsanwalt *Kurt Gscheidle* an der Rechtsvertretung in der Bußgeldsache nicht gehindert. Der Oberbürgermeister hatte ihm aber eine Geldbuße auferlegt. Dies wäre nach § 17 Abs. 4 GemO i. V. m. § 16 Abs. 3 GemO nur dann möglich, wenn der zu ehrenamtlicher Tätigkeit bestellte Bürger entgegen der Entscheidung des Oberbürgermeisters oder des Gemeinderats eine Vertretung nach § 17 Abs. 3 GemO ausübt. Dies war hier aber nach alledem nicht der Fall. Zum anderen hätte nach § 17 Abs. 3 GemO die Frage, ob die Voraussetzungen dieses Verbots vorliegen, bei einem Gemeinderatsmitglied der Gemeinderat entscheiden müssen und nicht der Oberbürgermeister.

Fall 8 (Befangenheit – § 18 GemO)

Aufgabentext

a) *Die Firma Butzer GmbH in Grauberg stellt Ausrüstungen für Kläranlagen her; unter anderem produziert sie Rechenanlagen für den mechanischen Teil von Kläranlagen. Im Gemeinderat von Grauberg, wo der Geschäftsführer der Firma Butzer GmbH, Rudolf Dick, Gemeinderatsmitglied ist, wurde in öffentlicher Sitzung über die Vergabe der Planung der neuen Kläranlage an ein Ingenieurbüro diskutiert. Dabei hatte Gemeinderätin Schulze beantragt, Gemeinderat Rudolf Dick wegen Befangenheit auszuschließen, weil die Firma Butzer GmbH, deren Geschäftsführer er ist, möglicherweise später einmal einen Auftrag an der neuen Kläranlage erhalten könnte. Daraufhin hatte der Bürgermeister in öffentlicher Sitzung über den Antrag abstimmen lassen. Der Gemeinderat erklärte Gemeinderat Rudolf Dick, der bei diesem Beschluss am Sitzungstisch sitzengeblieben war, aber nicht mit abgestimmt hatte, mit einer Stimme Mehrheit für befangen. Daraufhin wies der Bürgermeister den Gemeinderat Rudolf Dick an, den Sitzungssaal zu verlassen. Gemeinderat Rudolf Dick ist darüber empört und wendet sich an Sie. Was werden Sie ihm anraten und warum?*

b) Bei einer Entscheidung im Gemeinderat hat sich Gemeinderat Kammerer für befangen erklärt. Nach der Beschlussfassung stellt sich heraus, dass eine Befangenheit von Gemeinderat Kammerer tatsächlich nicht bestand. Welche Auswirkungen hat dies auf den gefassten Gemeinderatsbeschluss?

Lösungsvorschlag

Zu a)

Ein Gemeinderat ist nach § 32 Abs. 1 GemO ein ehrenamtlich tätiger Bürger. Der ehrenamtlich tätige Bürger darf nach § 18 Abs. 1 GemO weder beratend noch entscheidend mitwirken, wenn die Entscheidung einer Angelegenheit ihm selbst oder u. a. nach § 18 Abs. 1 Nr. 4 GemO einer von ihm kraft Gesetzes oder Vollmacht vertretenen Person einen unmittelbaren Vorteil oder Nachteil bringen kann. *Rudolf Dick* ist als Geschäftsführer gesetzlicher Vertreter der *Firma Butzer GmbH*, damit fällt der Fall unter § 18 Abs. 1 Nr. 4 GemO. Die Möglichkeit des Bestehens eines Vor- oder Nachteils unterliegt jedoch nach § 18 Abs. 1 GemO dem unbedingten Erfordernis der Unmittelbarkeit. An dieser fehlt es hier aber offensichtlich, denn an der Vergabe der Planung für die Kläranlage ist die *Firma Butzer GmbH* weder beteiligt noch in irgendeiner Weise in diese involviert. Der Beschluss des Gemeinderats war also in Bezug auf die Erklärung der Befangenheit materiell rechtswidrig; dies führt nach § 18 Abs. 6 GemO zur Rechtswidrigkeit des Beschlusses. Es sind aber auch formale Fehler vorhanden, die jeder für sich allein ebenfalls bereits zur Rechtswidrigkeit des Beschlusses gemäß § 18 Abs. 6 GemO führen. Es wurde nämlich zunächst gegen § 18 Abs. 4 GemO verstoßen, da Gemeinderat *Rudolf Dick* den Sitzungstisch bei der Beratung und Beschlussfassung über seine Befangenheit nicht verlassen hatte. Darüber hinaus ist für die Feststellung der Befangenheit eines Gemeinderatsmitglieds nicht der Bürgermeister, sondern nach § 18 Abs. 4 GemO der Gemeinderat als Gremium zuständig, der in Abwesenheit des Gemeinderatsmitglieds entscheidet. Auch an der Abwesenheit des Gemeinderats während der Beratung und Beschlussfassung über die Befangenheit fehlte es. Desgleichen ergibt sich in der Anweisung des Bürgermeisters an Gemeinderat *Rudolf Dick* zum Verlassen des Sitzungssaales ein Verstoß gegen § 18 Abs. 5 GemO. Danach muss ein für befangen erklärter Gemeinderat nämlich lediglich die Sitzung verlassen. Dies bedeutet, dass er bei einer öffentlichen Sitzung im Zuhörerbereich des Sitzungssaales verbleiben kann. Ihm stehen schließlich auch als befangener Gemeinderat die allgemeinen Bürgerrechte zu. Lediglich bei einer nichtöffentlichen Sitzung muss er den Sitzungssaal als solchen verlassen. Gemeinderat *Rudolf Dick* wäre also anzuraten, gegen den Beschluss des Gemeinderats mit rechtlichen Mitteln auf dem Verwaltungsrechtsweg vorzugehen.

Zu b)

Wäre Stadtrat *Kammerer* zu Unrecht nach § 18 Abs. 6 GemO vom Gemeinderat von der Beratung und Beschlussfassung ausgeschlossen worden, wäre der Beschluss rechtswidrig. So hat er sich selbst (zu Unrecht) ausgeschlossen; dies hat auf die Gültigkeit des Beschlusses keine Auswirkungen

Fall 9 (Befangenheit – § 18 GemO)

Aufgabentext

Im Gemeinderat von Blauberg sitzt auch der Bestattungsunternehmer Rudolf Still. Seit Jahren führt er mit seinen beiden örtlichen Mitbewerbern gemeinsam darüber Klage, dass die Gestaltungssatzung für den örtlichen Friedhof zu eng gefasst sei. Dadurch hätten er und seine beiden Mitbewerber erhebliche Wettbewerbsnachteile. In einer Gemeinderatssitzung stand auf der Tagesordnung der öffentlichen Sitzung des Gemeinderats: „Beratung über Lockerungen bei der Gestaltungssatzung für den Friedhof". Gemeinderat Rudolf Still hatte vor Beginn der Sitzung den Bürgermeister gefragt, ob er wohl bei diesem Tagesordnungspunkt befangen sei. Der Bürgermeister hatte daraufhin in Abwesenheit von Gemeinderat Rudolf Still auf Befangenheit des Gemeinderatsmitglieds entschieden, dies dem Gemeinderat mitgeteilt, und Rudolf Still aus dem Sitzungssaal verwiesen. Nachdem der Tagesordnungspunkt „Gestaltungssatzung" rasch beendet war, wurden auch die anderen fünf Tagesordnungspunkte der öffentlichen Sitzung sehr schnell abgehandelt, da der Bürgermeister den Gemeinderat anlässlich seines 40. Geburtstags nach der Sitzung zu einem Umtrunk eingeladen hatte. An den aus dem Sitzungssaal verwiesenen Gemeinderat Rudolf Still hatte beim raschen Gang der Verhandlungen niemand mehr gedacht. Erst nach Beendigung der Sitzung bemerkte man, dass er immer noch vor dem Sitzungssaal wartet. Bitte nehmen Sie gutachtlich zu dem Sachverhalt Stellung.

Lösungsvorschlag

Hier stellt sich zunächst die Frage, ob Gemeinderatsmitglied *Rudolf Still* befangen sein könnte. Als Gemeinderatsmitglied ist er gemäß § 32 Abs. 1 GemO ehrenamtlich tätig. Nach § 18 Abs. 1 GemO darf er als ehrenamtlich tätiger Bürger weder beratend noch entscheidend mitwirken, wenn die Entscheidung ihm selbst oder bestimmten im Gesetz genannten Personen einen unmittelbaren Vorteil oder Nachteil bringen kann. Zwar dürfte hier aufgrund des angeführten Wettbewerbsvorteils der Bezug zum Beruf des Bestattungsunternehmers so stark sein, dass ein unmittelbarer Vorteil bejaht werden kann. Allerdings war er hier nicht als befangen auszuschließen, da nach § 18 Abs. 3 Satz 1 GemO die Vorschrift des § 18 Abs. 1 GemO dann nicht gilt, wenn die Entscheidung u. a. nur die gemeinsamen Interessen einer Berufsgruppe betrifft. Genau das ist aber hier für alle drei Bestattungsunternehmer am Ort genauso der Fall, wie im Übrigen auch für auswärtige Bestattungsunternehmer. Denn die Satzung ist für alle bindend. Darüber hinaus ist festzustellen, dass die Mitteilung des Gemeinderatsmitglieds *Rudolf Still* an den Bürgermeister wegen seiner möglichen Befangenheit nach § 18 Abs. 4 Satz 1 GemO korrekt war. Dass aber der Bürgermeister darüber entschieden hat, entspricht nicht der Zuständigkeitsregelung von § 18 Abs. 3 Satz 2 GemO. Danach hätte nämlich der Gemeinderat darüber entscheiden müssen. Diese Entscheidung war damit genauso rechtswidrig wie der Verweis des Gemeinderatsmitglieds *Rudolf Still* aus dem Sitzungssaal. Nach § 18 Abs. 5 GemO muss der befangene ehrenamtlich Tätige die „Sitzung“ verlassen, nicht aber den „Sitzungsaal“. Da es sich hier um eine öffentliche Sitzung gehandelt hat, hätte also *Rudolf Still* das Recht gehabt, wie alle anderen Zuhörer auch, sich im Besucherbereich aufzuhalten. Nur bei einer nichtöffentlichen Beratung hätte er, wie dann auch alle anderen Zuhörer, den Sitzungssaal verlassen müssen. Die weiter in der Sitzung behandelten fünf Tagesordnungspunkte waren nach § 18 Abs. 6 Satz 1 GemO rechtswidrig. Dies ergibt sich daraus, dass der Rückkehranspruch von Gemeinderat *Rudolf Still* vergessen wurde. Dies stellt einen fehlerhaften faktischen Ausschluss des Gemeinderatsmitglieds von den öffentlichen Verhandlungen, an denen er offenbar schon gar nicht befangen sein konnte, dar.

Fall 10 (Befangenheit – § 18 GemO)

Aufgabentext

In der öffentlichen Sitzung des Gemeinderats der Großen Kreisstadt Gelbstadt stehen folgende Beratungsgegenstände auf der Tagesordnung der Gemeinderatssitzung:

1. *Grundsatzbeschluss über den Ausbau der Konrad-Adenauer-Straße*
2. *Vergabe von Straßenbauarbeiten für den Ausbau der Willy-Brandt-Straße*
3. *Nachwahl in den Aufsichtsrat der Stadtwerke für den verstorbenen Stadtrat Artur Kunze*

a) Zu TOP 1: Die Stadträte Früh und Späth sind jeweils Eigentümer eines Wohnhausgrundstücks an der Konrad-Adenauer-Straße. Diese Straße hat über 100 Anliegergrundstücke. Stadträtin Geier beantragt, dass der Gemeinderat feststellen soll, dass die beiden Stadträte Früh und Späth befangen sind, weil sie eine schönere und vor allem staubfreie Straße erhalten würden. Nach kurzer Sitzungsunterbrechung stellte der Oberbürgermeister fest, dass beide Stadträte befangen sind und verweist sie in den Zuhörerraum. Danach fasst der Gemeinderat den knappen mehrheitlichen Beschluss, die Gartenstraße auszubauen. Die Stadträte Früh und Späth sind empört über den Vorgang und wenden sich mit der Bitte um gutachtliche Stellung an Sie. Was werden Sie Ihnen antworten?

b) Zu TOP 2: Es haben zwei Bauunternehmen ein Angebot abgegeben. Das günstigste und wirtschaftlichste Angebot ist das Angebot der Firma Schwarz. Der Sohn von Stadträtin Bäuerle ist bei der Firma Schwarz AG, die mehr als 1000 Mitarbeiter hat, als Maurerpolier beschäftigt. Auf Antrag von Stadträtin Geier beschließt der Gemeinderat mehrheitlich den Ausschluss von Stadträtin Bäuerle von der weiteren Sitzung, obwohl sich diese während der Beratung über ihre Befangenheit mit mehreren Wortbeiträgen heftig zur Wehr gesetzt hatte.

Bitte nehmen Sie gutachtlich zu dem Vorgang Stellung.

c) Zu TOP 3: Der Gemeinderat von Grünstadt hat neben dem Oberbürgermeister 32 Mitglieder. Alle sind anwesend. Auch der für den verstorbenen Stadtrat Artur Kunze in den Gemeinderat nachgerückte Ersatzbewerber hat an der Sitzung teilgenommen. Als Bewerber um den Sitz im Aufsichtsrat der Stadtwerke wurden die Stadträte Ernst, Loser, Maier und Schulze vorgeschlagen, alle vier erklärten sich zur Kandidatur bereit. Nach Auszählung der Stimmen ergibt sich folgendes Wahlergebnis:

Ernst 16 Stimmen

Loser 8 Stimmen

Maier 6 Stimmen

Schulze 3 Stimmen

Der Oberbürgermeister erklärt daraufhin Stadtrat Ernst für gewählt und beendet die Sitzung. Stadträtin Geier empört sich daraufhin über den Vorgang. Da ihrer Ansicht nach alle Bewerber trotz Befangenheit an der Wahl teilgenommen hatten, hält sie den Wahlvorgang für rechtswidrig und fordert vom Oberbürgermeister eine erneute Wahl. Bitte nehmen Sie gutachtlich Stellung.

Lösungsvorschlag

Zu TOP 1

Bei diesem Sachverhalt geht es offenbar um die Frage, ob eine tatsächliche Befangenheit bei den Stadträten *Früh* und *Späth* vorliegt, denn nur bei Befangenheit dürfen die beiden als Stadträte gemäß § 32 Abs. 1 GemO ehrenamtlich tätigen Bürger weder an der Beratung noch an der Beschlussfassung teilnehmen. Entscheidendes Kriterium nach § 18 Abs. 1 GemO ist die Frage, ob den beiden Gemeinderatsmitgliedern aus der Beschlussfassung ein unmittelbarer Vor- oder Nachteil erwachsen kann. Es kann hier dahinstehen, ob der Umstand, dass die Gartenstraße nach dem Ausbau schöner ist, einen unmittelbaren Vorteil i. S. von § 18 Abs. 1 GemO darstellt. Die Anlieger *Früh* und *Späth* sind nämlich offensichtlich Teil einer Bevölkerungsgruppe von über 100 Eigentümern von Wohnhäusern, die an dieser Straße liegen und von ihr erschlossen werden. Nach § 18 Abs. 3 GemO gelten die Vorschriften über die Befangenheit dann nicht, wenn eine Entscheidung die gemeinsamen Interessen einer Bevölkerungsgruppe betrifft. Dies ist hier eindeutig der Fall, Befangenheit liegt also hier nicht vor. Beide Stadträte hätten also nicht von der Beratung und Beschlussfassung ausgeschlossen werden dürfen. Damit ist der gefasste Beschluss rechtswidrig. Gemäß § 18 Abs. 4 GemO entscheidet zudem in Zweifelsfragen der Befangenheit bei Gemeinderatsmitgliedern nicht der Bürgermeister, ob eine Befangenheit vorliegt, sondern der Gemeinderat. Nach alledem war die Beratung und Beschlussfassung rechtsfehlerhaft.

Zu TOP 2

Befangen ist der ehrenamtlich tätige Bürger dann, wenn nach § 18 Abs. 1 GemO die Entscheidung ihm selbst oder den in § 18 Abs. 1 Satz 1 GemO genannten Personen einen unmittelbaren Vorteil bringt. Zwar ist der Sohn von Stadträtin *Bäuerle* unzweifelhaft dem Personenkreis nach § 18 Abs. 1 Nr. 2 GemO zuzurechnen, doch kann er persönlich keinen Vor- oder Nachteil haben, sondern lediglich sein Arbeitgeber. Nach dem ebenfalls zu prüfenden § 18 Abs. 2 Satz 1 GemO ist aber die Befangenheit von Verwandten ersten Grades, die lediglich in einem mit Entgelt versehenen Arbeitsverhältnis zu einem Arbeitgeber stehen, der einen Vorteil oder Nachteil haben könnte, nur dann anzunehmen, wenn nach den tatsächlichen Umständen der Beschäftigung anzunehmen ist, dass sich der Bürger deswegen in einem Interessenwiderstreit befindet. Dies ist hier nicht der Fall, dazu ist die Position des Sohnes der Stadträtin als Maurerpolier zu weit nachrangig und weniger bedeutend. Demzufolge war der Beschluss rechtswidrig. Aus dem geschilderten Sachverhalt ergibt sich weiter, dass sich die Stadträtin *Bäuerle* während der Beratung

„heftig gewehrt“ habe. Danach hat sie laut Sachverhalt an der Beratung über ihre Befangenheit wohl auch teilgenommen. Dies steht aber im Widerspruch zu § 18 Abs. 4 GemO, nach dem in Zweifelsfällen der Gemeinderat „in Abwesenheit des Betroffenen“ entscheidet. Dieser Formfehler führt ebenfalls zur Rechtswidrigkeit des Beschlusses.

Zu TOP 3

Die Befangenheitsvorschriften des § 18 GemO gelten nach § 18 Abs. 3 Satz 2 GemO nicht für Wahlen zu einer ehrenamtlichen Tätigkeit. Die Tätigkeit im Aufsichtsrat der Stadtwerke zählt zu den klassischen kommunalen Ehrenämtern. Deshalb war es korrekt, dass die vier Bewerber nicht von der Beratung und von der Wahl selbst ausgeschlossen wurden.

Fall 11 (Befangenheit – § 18 GemO)

Aufgabentext

Vera Kunze ist Künstlerin und mit Stadtrat Fritz Gnädig seit drei Monaten verheiratet. Sigrid Winter ist ebenfalls Künstlerin und lebt seit 32 Jahren mit Stadtrat Max Kölle ohne Trauschein zusammen. In einer öffentlichen Gemeinderatssitzung des Gemeinderats der Großen Kreisstadt Gelbstadt wurde beschlossen, einen beschränkten Wettbewerb für ein Kunstwerk auf dem neugestalteten Marktplatz auszuschreiben. Dabei wurde bei Anwesenheit und Beteiligung der Stadträte Fritz Gnädig und Max Kölle an der Beratung und Abstimmung beschlossen, neben zwei auswärtigen Künstlern sowohl die Künstlerin Vera Kunze als auch die Künstlerin Sigrid Winter an dem beschränkten Wettbewerb teilnehmen zu lassen. Der Stadtrat Norbert Motz sieht darin einen Skandal, da seiner Meinung nach eine offenkundige Befangenheit vorliege. Der Oberbürgermeister hätte vorher erforschen müssen, was in Bezug auf die Befangenheit hier „Sache“ ist. Insbesondere ist er der Meinung, dass beide Stadträte deshalb den Sitzungssaal hätten verlassen müssen. Er bittet Sie um gutachtliche Prüfung der Vorgänge. Was werden Sie ihm berichten?

Lösungsvorschlag

Die Stadträte *Fritz Gnädig* und *Max Kölle* sind nach § 32 Abs. 1 GemO als Gemeinderatsmitglieder ehrenamtlich tätig. Der ehrenamtlich tätige Bürger darf nach § 18 Abs. 1 GemO weder beratend noch entscheidend mitwirken, wenn die Entscheidung einer Angelegenheit ihm selbst oder bestimmten, in § 18 Abs. 1 Nr. 1–4 GemO benannten Personen einen unmittelbaren Vorteil oder Nachteil bringen kann. Die Einbeziehung von

Künstlern in einen auf nur insgesamt vier Teilnehmer beschränkten Wettbewerb ist zweifelsohne geeignet, den teilnehmenden Künstlern einen unmittelbaren Vorteil zu verschaffen. Denn erst mit der Teilnahmemöglichkeit wird ein Zugang zu einer später möglichen Auftragserteilung aufgrund des Wettbewerbsergebnisses verschafft, insbesondere bei einem beschränkten Wettbewerb. Denn dort kommt der Wettbewerbssieger aus dem vorher beschränkten Teilnehmerfeld. Die Künstlerin *Vera Kunze* unterfällt als Ehefrau von Stadtrat *Fritz Gnädig* der Regelung des § 18 Abs. 1 Nr. 1 GemO, da dort Ehegatten ausdrücklich genannt sind. Die Kürze der bestehenden Ehe ist dagegen ohne jeden Belang. Dagegen kann die Künstlerin *Sigrid Winter* weder einer der Fallgruppen in § 18 Abs. 1 Nr. 1–4 noch den Regelungen des § 18 Abs. 2 GemO zugeordnet werden. Insbesondere ist § 18 Abs. 1 Nr. 1 GemO hier nicht einschlägig, da dort ausdrücklich nur von „dem Lebenspartner nach § 1 des Lebenspartnerschaftsgesetzes" die Rede ist. Auch die Länge der Beziehung ist hier ohne jeden Belang. Damit wäre hier der Stadtrat *Fritz Gnädig* als Ehemann der Künstlerin *Vera Kunze* befangen gewesen, der Stadtrat *Max Kölle* aber nicht. Nach § 18 Abs. 4 GemO hat der ehrenamtlich tätige Bürger, bei dem ein Tatbestand vorliegt, der Befangenheit zur Folge haben kann, dies vor Beginn der Beratung über diesen Gegenstand dem Vorsitzenden, sonst dem Bürgermeister mitzuteilen. Stadtrat *Fritz Gnädig* hätte dies vor Beginn der Beratung dem Oberbürgermeister mitteilen müssen. Stadtrat *Max Kölle* hätte dies ebenfalls tun müssen, wenn er sich denn im Zweifel befunden hätte. Ob ein Ausschließungsgrund vorliegt, entscheidet dabei in Zweifelsfällen in Abwesenheit des Betroffenen bei Mitgliedern des Gemeinderats der Gemeinderat. Wenn sich dann herausstellt, dass Befangenheit vorliegt, muss das befangene Gemeinderatsmitglied nach § 18 Abs. 5 GemO die Sitzung verlassen. Dies bedeutet allerdings nur bei nichtöffentlichen Sitzungen, dass er auch den Sitzungssaal verlassen muss, bei öffentlichen Sitzungen hat er dagegen, wie jeder andere Bürger auch, das Recht, die Sitzung vom Zuhörerbereich aus zu verfolgen. Nach alledem war der Gemeinderatsbeschluss rechtswidrig.

Fall 12 (Befangenheit – § 18 GemO)

Aufgabentext

Im Gemeinderat von Bachdorf geht es um die konkrete Frage, ob ein am Rande eines geplanten Gewerbegebiets liegendes Grundstück noch mit in das Plangebiet einbezogen werden soll. Dabei waren folgende Fragen zu klären:

Wäre der Gemeinderat Schlaule, der als Prokurist bei einer Baustoffhandlung tätig ist, bei der Beratung und Beschlussfassung im Gemeinderat befangen, wenn das Grundstück

a) seiner Lebensgefährtin gehört, mit der er schon 33 Jahre zusammenlebt?

b) deren aus einer früheren Ehe mit einem anderen Mann stammenden Sohn gehört?

c) seinem Chef, also dem Eigentümer der Baustoffhandlung, gehört?

d) der Witwe seines inzwischen verstorbenen Bruders gehört?

Lösungsvorschlag

Zu a)

§ 18 Abs. 1 Nr. 1 GemO nennt den Ehegatten und den Lebenspartner nach § 1 des Lebenspartnerschaftsgesetzes, nicht aber die Lebensgefährtin oder den Lebensgefährten. Es liegt deshalb keine Befangenheit vor.

Zu b)

§ 18 Abs. 1 Nr. 3 GemO nennt einen in gerader Linie oder in der Seitenlinie bis zum dritten Grad Verwandten. Wenn der Gemeinderat schon nicht mit seiner Lebensgefährtin verheiratet ist, kann aber eine Verwandtschaft zu deren (nicht von ihm abstammenden Sohn) schon gar nicht bestehen.

Zu c)

Befangenheit liegt nach § 18 Abs. 2 Nr. 1 GemO auch vor, wenn der ehrenamtlich tätige Bürger gegen Entgelt bei jemanden beschäftigt ist, dem die Entscheidung der Angelegenheit einen unmittelbaren Vorteil oder Nachteil bringen kann, es sei denn, dass nach den tatsächlichen Umständen der Beschäftigung anzunehmen ist, dass sich der Bürger deswegen nicht in einem Interessenwiderstreit befindet. Diese Voraussetzung für Befangenheit würde hier wohl vorliegen, ein unmittelbarer Vorteil oder Nachteil entsteht durch die Entscheidung, und ein Prokurist ist nicht nur ein völlig nachgeordneter Arbeitnehmer, vielmehr ist anzunehmen, dass er „mit dem Schicksal der Firma im Guten wie im Schlechten verbunden ist".

Zu d)

Eine Schwägerschaft gemäß § 18 Abs. 1 Nr. 4 GemO endet mit dem Tod des verbindenden Familienmitglieds. Eine Befangenheit wäre hier also nicht mehr gegeben.

Fall 13 (Befangenheit – § 18 GemO)

Aufgabentext

Die Schwester der geschiedenen Frau des Bürgermeisters von Braundorf, Hans Maßlos, hat einen Bauunternehmer geheiratet. Dieser hatte ein Angebot für den Rohbau der Turnhalle der Gemeinde Braundorf abgegeben. Bürgermeister Hans Maßlos leitete die Sitzung, in der die Auftragsvergabe beschlossen werden soll. Gemeinderat Udo Sauer stellte den Antrag, den Bürgermeister für befangen zu erklären, da seine Schwägerin von der Entscheidung „einen Vorteil haben kann". Ist der Bürgermeister befangen oder nicht und warum?

Lösungsvorschlag

Der ehrenamtlich tätige Bürger darf nach § 18 Abs. 1 GemO weder beratend noch entscheidend mitwirken, wenn die Entscheidung einer Angelegenheit ihm selbst oder bestimmten im Gesetz aufgeführten Personen einen unmittelbaren Vorteil oder Nachteil bringen kann. Dies gilt nach § 18 Abs. 1 Nr. 3 GemO bei *„einem in gerader Linie oder in der Seitenlinie bis zum zweiten Grad Verschwägerten oder als verschwägert Geltenden, solange die die Schwägerschaft begründende Ehe oder Lebenspartnerschaft nach § 1 des Lebenspartnerschaftsgesetzes besteht"*. Nach § 52 GemO gelten für den Bürgermeister und die Beigeordneten die Bestimmungen des § 18 GemO entsprechend. Die Ehe des Bürgermeisters wurde hier aber geschieden und besteht damit nicht mehr. Damit aber besteht die Schwägerschaft mit der Schwester der von ihm geschiedenen Ehefrau auch nicht mehr. Eine Befangenheit liegt hier deshalb nicht vor.

Fall 14 (Befangenheit – § 18 GemO)

Aufgabentext

In der Gemeinde Braundorf werden in einer Gemeinderatssitzung neue Förderrichtlinien für alle Vereinigungen, Vereine usw. in der Gemeinde aufgestellt. An der Beratung nehmen auch die Fraktionsvorsitzenden Max Maier von der CDU und Fritz Launer von der SPD teil. Der Fraktionsvorsitzende der Grünen Liste meldete sich zu Wort und forderte vom Bürgermeister den Ausschluss der beiden Fraktionsvorsitzenden von CDU und SPD, da beide zusätzlich noch Vereinsvorsitzende eines Gesangvereins bzw. eines Sportvereins seien.

Lösungsvorschlag

Der gemäß § 32 Abs. 1 GemO als Gemeinderat ehrenamtlich tätige Bürger darf nach § 18 Abs. 1 GemO weder beratend noch entscheidend mitwirken, wenn u. a. die Entscheidung einer Angelegenheit ihm selbst oder u. a. nach § 18 Abs. 1 Nr. 4 einer von ihm kraft Gesetzes oder Vollmacht vertretenen Person einen unmittelbaren Vorteil oder Nachteil bringen kann. Beide genannten Fraktionsvorsitzenden *Max Maier* von der CDU und *Fritz Launer* von der SPD sind als Vereinsvorsitzende jeweils gesetzlicher Vertreter ihres Vereins. Nach § 18 Abs. 3 GemO gelten diese Vorschriften allerdings nicht, wenn die Entscheidung nur die gemeinsamen Interessen einer Berufs- oder Bevölkerungsgruppe berührt. Nachdem hier allgemeine Förderrichtlinien für eine Vielzahl von Vereinen und Vereinigungen aufgestellt werden sollen, dürfte dieser Sachverhalt deshalb darunter einzuordnen sein. Beide waren deshalb nicht befangen und durften an der Beratung und Beschlussfassung teilnehmen.

Fall 15 (Entschädigung für ehrenamtliche Tätigkeit – § 19 GemO)

Aufgabentext

Nach der Kommunalwahl des Jahres 2014 hatte eine Fraktion des Gemeinderats der Stadt Blauhügel beantragt, dass die Mitglieder des Gemeinderats in der nun anstehenden Wahlperiode auf Sitzungsentschädigungen jeglicher Art verzichten sollen. Vielmehr sollten diese Gelder einer gemeinnützigen Stiftung in Blauhügel zugutekommen. Der Bürgermeister beauftragt Sie mit der Fertigung der Beratungsunterlage für die Gemeinderatssitzung. Was werden Sie zur Beschlussfassung empfehlen und warum?

Lösungsvorschlag

Nach § 19 GemO besteht ein Anspruch auf Ersatz der Auslagen und des Verdienstausfalls. Zu den Auslagen gehören i. d. R. Fahrtkosten, Verpflegungsmehraufwand, Fachliteratur etc. Ein Verdienstausfall kann aus entgangenem Arbeitsverdienst oder bei Selbständigen aus geringerem erzielten Einkommen bestehen. Dabei handelt es sich nach § 19 Abs. 7 GemO um nicht übertragbare Ansprüche. Dies folgt schon der steuerrechtlichen Erkenntnis, dass jeder Steuerpflichtige einer individuell ihm zurechenbaren Steuerpflicht mit unterschiedlichen persönlichen Steuersätzen unterliegt. Daher wäre eine pauschale Abtretung von Ansprüchen ohne jeden Rechtsgrund mit dem Steuerrecht nicht vereinbar. Jedes Gemeinderatsmitglied hat vielmehr das Recht, aus seinem Vermögen, also auch aus seiner Entschädigung aus ehrenamtlicher Tätigkeit, individuelle Spenden zu tätigen. Ein genereller Verzicht ist also nicht möglich und würde dem von öffentlichen Körperschaften, wie Gemeinden, stets zu beachtendem Steuerrecht widersprechen.

Fall 16 (Unterrichtung der Einwohner – § 20 GemO)

Aufgabentext

Der Gemeinderat der Großen Kreisstadt Berghausen hat außer dem Oberbürgermeister 32 Mitglieder. Die SPD-Fraktion hat im Gemeinderat lediglich fünf Mitglieder. Die Fraktion ist entsetzt und auch ungehalten, dass sich der CDU-Oberbürgermeister in jeder Ausgabe des Amtsblatts der Stadt mit zahlreichen Berichten und Fotos präsentieren lässt. Sie stellt an Sie die Frage, inwieweit die SPD-Fraktion Einfluss auf den Informationsfluss im städtischen Amtsblatt nehmen und auch landes- und bundespolitische Themen ansprechen kann. Vor allem vor Wahlen müsse dies möglich sein, denn der Oberbürgermeister mache ja durch seine Präsenz im Amtsblatt ständig CDU-Werbung. Was werden Sie der Fraktion empfehlen?

Lösungsvorschlag

Im Zusammenhang mit der Schaffung einer gesetzlichen Grundlage für die Bildung von Fraktionen im Gemeinderat in § 32a GemO wird seit 1.12.2015 den Fraktionen im Gemeinderat mit der neuen Vorschrift des § 20 Abs. 3 GemO das Recht gegeben, ihre Auffassungen zu Angelegenheiten der Gemeinde im Amtsblatt darzulegen, sofern die Kommune ein solches herausgibt. Schon nach dem Wortlaut des § 20 Abs. 3 GemO ist dieses Recht allerdings auf *„Angelegenheiten der Gemeinde"* beschränkt. Ein Äußerungsrecht der Fraktionen im Gemeinderat bzw. der sie tragenden Parteien oder Wählervereinigungen im Amtsblatt zu bundes- oder landespolitischen Themen kann daher schon grundsätzlich nicht aus dieser Vorschrift abgeleitet werden. Das Nähere ist gemäß § 20 Abs. 3 Satz 2 GemO durch den Gemeinderat in einem Redaktionsstatut zu regeln. Insbesondere ist im Redaktionsstatut der angemessene Umfang der Beiträge der Fraktionen im Amtsblatt zu regeln. In diesem Redaktionsstatut sind auch Beschränkungen des Veröffentlichungsrechts der Fraktionen zur Sicherstellung der gebotenen Neutralität im Vorfeld von Wahlen zu treffen. Hierzu ist die Veröffentlichung von solchen Beiträgen innerhalb eines bestimmten Zeitraums von höchstens sechs Monaten vor Wahlen auszuschließen. Nach alledem hat die SPD-Fraktion das Recht auf Veröffentlichungen im Amtsblatt, allerdings nur mit Ortsbezug und nicht direkt vor Wahlen.

Fall 17 (Unterrichtung der Einwohner – § 20 GemO)

Aufgabentext

Ein Einzelstadtrat im Gemeinderat einer baden-württembergischen Großstadt, der nicht Mitglied einer Fraktion ist, hatte beim Oberbürgermeister beantragt, ihm vorläufig ein Zeichenkontingent von mindestens 3750 Zeichen für Beiträge i. S. von § 20 Abs. 3 Satz 1 GemO im Amtsblatt der Stadt zu gewähren. Der Oberbürgermeister hatte dieses Begehren abgelehnt, weil sich der vom Gemeinderat der Stadt beschlossenen Einräumung eines Zeichenkontingents gemäß § 20 Abs. 3 Satz 1 GemO auch für Gruppierungen kein Recht des Einzelstadtrats auf Einräumung eines eigenen Zeichenkontingents herleiten lasse. Selbst bei Feststellung einer rechtswidrigen Ungleichbehandlung von fraktionslosen Stadträten und fraktionslosen Stadträten in Gruppierungen dürfte ein subjektives Recht auf Einräumung eines Zeichenkontingents nicht bestehen. In diesem Fall könnte der Einzelstadtrat auch wohl nur die Einräumung eines Zeichenkontingents für Gruppierungen im Gemeinderat beanstanden, aber nicht selbst die Einräumung eines entsprechenden Zeichenkontingents verlangen. Dagegen hatte der Einzelstadtrat mit seiner Klage u. a. geltend gemacht, dass der Begriff der Fraktion nach § 20 Abs. 3 Satz 1 GemO auch so ausgelegt werden könne, dass jede Ratsformation unabhängig von ihrer Mandatsträgerzahl, also auch ein einzelner Gemeinderat damit gemeint sei, und dass eine solche Auslegung verfassungsrechtlich geboten sei. Kann diese Argumentation Erfolg haben? Bitte nehmen Sie bitte gutachtlich Stellung.

Lösungsvorschlag:

Mit der Vorschrift des § 20 Abs. 3 GemO wird den Fraktionen des Gemeinderats das Recht gegeben, ihre Auffassungen zu Angelegenheiten der Gemeinde im Amtsblatt darzulegen. Der Begriff der Fraktion meint nach allgemeinem Sprachgebrauch jedenfalls den Zusammenschluss mehrerer Abgeordneter bzw. hier Gemeinderatsmitglieder. In diesem Sinne wird er auch in der Gemeindeordnung für Baden-Württemberg verstanden. So bestimmt § 32a Abs. 1 Satz 1 GemO, dass sich Gemeinderäten zu Fraktionen zusammenschließen können. Auch ist der Landesgesetzgeber ausweislich der Gesetzesbegründung mit diesem Begriff der Fraktion nach § 32a Abs. 1 Satz 1 GemO bei der Schaffung von § 20 Abs. 3 Satz 1 GemO ausdrücklich ausgegangen. Den vom Einzelstadtrat hier postulierten Begriff der Fraktion zugrunde zu legen, ist auch deswegen ausgeschlossen, weil der Gesetzgeber bei der Änderung der Gemeindeordnung von seiner ursprünglichen Intention, Rechte von einzelnen fraktionslosen Gemeinderäten zu regeln, bewusst Abstand genommen hatte. Ohne Erfolg macht der Einzelstadtrat schließlich geltend, dass es nicht mehr im Ermessen des Gemeinderats der Stadt liege, ein Zeitkontingent für Einzelstadträte ganz zu streichen, und dass der in Art. 3 Abs. 1 Grundgesetz (GG) verankerte Gleichheitsgrundsatz eine lineare Verteilung des Zeichenkontingents für das Amtsblatt gemäß der Mandatsträgeranzahl gebiete. Art. 3 Abs. 1 GG gebietet eine solche Verteilung nämlich nicht; die ausdrücklich vorgenommene Beschränkung des Veröffentlichungsrechts in § 20 Abs. 3 Satz 1 GemO auf Fraktionen dürfte vielmehr verfassungsgemäß sein.

Fall 18 (Bürgerbeteiligung – §§ 20 a ff. GemO)

Aufgabentext

Gemeinderat Otto Stürmisch wohnt in der 4000-Einwohner-Gemeinde (davon 3000 Bürger) Windarm und ist Mitglied in der Bürgerinitiative „Gegen die Verspargelung unserer Landschaft durch Windkrafträder“. Durch Insiderinformationen aus der Gemeindeverwaltung hatte die Initiative erfahren, dass der Gemeinderat beabsichtigt, in seiner Sitzung am 23.10.2017 drei Windkrafträder mit jeweils einer Höhe von über 120 m zu genehmigen. Bereits ab 19.9.2017 hatten deshalb Otto Stürmisch und seine Mitstreiter der Bürgerinitiative Unterschriften für ein Bürgerbegehren zur Durchführung eines Bürgerentscheids gesammelt. Nach dem tatsächlich am 23.10.2017 gefassten Gemeinderatsbeschluss über die Genehmigung von drei Windkraftanlagen hatte Otto Stürmisch noch während dieser Gemeinderatssitzung unter dem Tagesordnungspunkt „Verschiedenes“ dem Bürgermeister den von 1500 Bürgern der Gemeinde unterschriebenen Antrag auf Durchführung eines Bürgerentscheids gegen das Projekt überreicht. Der Bürgermeister bittet Sie um gutachtliche Stellungnahme, wie er mit dem Antrag umgehen soll.

Lösungsvorschlag

Nach § 21 Abs. 3 GemO kann die Bürgerschaft über eine Angelegenheit des Wirkungskreises der Gemeinde, für die der Gemeinderat zuständig ist, einen Bürgerentscheid beantragen. Dies nennt man ein Bürgerbegehren. Ein solches Bürgerbegehren darf allerdings nur Angelegenheiten zum Gegenstand haben, über die innerhalb der letzten drei Jahre nicht bereits ein Bürgerentscheid aufgrund eines Bürgerbegehrens durchgeführt wurde. Es muss schriftlich eingereicht werden, wobei § 3a des Landesverwaltungsverfahrensgesetzes (LVwVfG) keine Anwendung findet. Wenn sich das Bürgerbegehren gegen einen Beschluss des Gemeinderats richtet, muss es innerhalb von drei Monaten nach der Bekanntgabe dieses Beschlusses eingereicht sein. Das Bürgerbegehren muss die zur Entscheidung zu bringende Frage, eine Begründung und einen nach den gesetzlichen Bestimmungen durchführbaren Vorschlag für die Deckung der Kosten der verlangten Maßnahme enthalten. Es muss von mindestens 7 % der Bürger unterzeichnet sein. Nach § 21 Abs. 4 GemO entscheidet der Gemeinderat über die Zulässigkeit eines Bürgerbegehrens. Das Bürgerbegehren wurde hier zwar zu einer Angelegenheit eingereicht, die im Wirkungsbereich der Gemeinde liegt. Dafür, dass in den letzten drei Jahren bereits ein Bürgerentscheid zu diesem Thema durchgeführt wurde, ist nichts ersichtlich. Das Bürgerbegehren ist schriftlich eingereicht worden, enthält offenkundig die zu beantwortende Frage und eine Begründung. Ein Kostendeckungsvorschlag war hier offensichtlich nicht erforderlich, da sich das Bürgerbegehren ausschließlich auf eine Maßnahme ohne Kostenfolge bezieht. Auch die Zahl der Unterschriften war ausreichend, es hätten hier vielmehr anstelle der eingereichten 1500 Unterzeichner bereits 7 % der 3000 Bürger, also mithin 210 Unterschriften, ausgereicht. Allerdings bestimmt der Wortlaut des § 21 Abs. 3 GemO eindeutig, dass das Bürgerbegehren, wenn es sich wie hier gegen einen Beschluss des Gemeinderats richtet, innerhalb von drei Monaten *nach* der Bekanntgabe des Beschlusses eingereicht werden muss. Hier aber war zum Zeitpunkt der Unterschriften noch nicht einmal ein Beschluss des Gemeinderats gefasst worden. Da also noch kein Beschluss existent war, konnte sich das Bürgerbegehren auch nicht dagegen richten. Eine Unterschriftensammlung „auf Vorrat" ist unzulässig. Nach alledem hat der Gemeinderat das Bürgerbegehren nach Anhörung der Vertrauenspersonen unverzüglich, spätestens innerhalb von zwei Monaten nach Eingang des Antrags, als unzulässig abzulehnen.

Fall 19 (Bürgerbeteiligung – §§ 20a ff. GemO)

Aufgabentext

Im Teilort Kleinweiler der Gemeinde Grünhügel (5000 Einwohner) gibt es helle Aufregung, nachdem gerüchteweise bekannt wurde, dass der Gemeinderat in Erwägung ziehen würde, die örtliche Grundschule zum nächsten Schuljahr zu schließen. Für den Teilort Kleinweiler ist die Ortschaftsverfassung nicht eingeführt worden, es besteht kein Ortschaftsrat. Der Elternbeiratsvorsitzende der Grundschule und mehrere Eltern von Grundschulkindern hatten den Bürgermeister gebeten, ein Gespräch über diese Angelegenheit zu führen. Der Bürgermeister hatte dies aber genauso abgelehnt wie die Behandlung der Angelegenheit in einer Gemeinderatssitzung. Bei einem Elterntreffen in einem örtlichen Gasthaus geht es nun um die Frage, was die Eltern in der Sache unter-

nehmen können. Sie sitzen gerade im selben Gasthaus und werden um kommunalrechtlichen Rat gefragt. Was werden Sie den Eltern empfehlen?

Lösungsvorschlag

Die betroffenen Eltern könnten die Abhaltung einer Einwohnerversammlung beantragen. Nach § 20a Abs. 2 GemO hat der Gemeinderat eine Einwohnerversammlung anzuberaumen, wenn dies von der Einwohnerschaft beantragt wird. Voraussetzung hierfür ist nach § 20a Abs. 2 Satz 2 GemO ein schriftlicher Antrag unter Nennung der zu erörternden Angelegenheiten. Nach § 20a Abs. 2 Satz 3 GemO muss er in Gemeinden von nicht mehr als 10000 Einwohnern von mindestens 5% der antragsberechtigten Einwohner unterzeichnet sein, höchstens jedoch von 350 Einwohnern. Wenn der Gemeinderat die Zulässigkeit des Antrags bestätigt, muss die Einwohnerversammlung innerhalb von drei Monaten nach Eingang des Antrags abgehalten werden. Die dort gemachten Vorschläge der Einwohner sollen innerhalb von drei Monaten im dafür zuständigen Gremium, hier also im Gemeinderat, behandelt werden.

Eine weitere Möglichkeit wäre der Einwohnerantrag nach § 20b GemO. Nach § 20b Abs. 1 GemO kann die Einwohnerschaft beantragen, dass der Gemeinderat eine bestimmte Angelegenheit behandelt. Dieser Antrag muss schriftlich eingereicht werden, hinreichend bestimmt sein, und eine Begründung erhalten. Hier wäre er auch zulässig, da für die Frage der Gemeinderat wohl zuständig ist und ein solcher Antrag nicht im Widerspruch zu den Ausschlusskriterien des § 21 Abs. 2 GemO steht. Der Einwohnerantrag muss bei Gemeinden mit nicht mehr als 10000 Einwohnern nach § 20b Abs. 2 Satz 4 GemO von 3 % der antragsberechtigten Einwohner unterzeichnet sein, jedoch höchstens von 200 Einwohnern. Der Gemeinderat entscheidet über die Zulässigkeit des Einwohnerantrags. Nach dieser Entscheidung über die Zulässigkeit hat der Gemeinderat oder ggf. der zuständige beschließende Ausschuss die Angelegenheit innerhalb von drei Monaten nach Antragseingang zu behandeln. Dabei sollen nach § 20b Abs. 3 GemO Vertreter des Einwohnerantrags gehört werden.

Schließlich wäre es auch denkbar, dass sich die betroffenen Eltern zu einem initiierenden Bürgerbegehren zur Abhaltung eines Bürgerentscheides entschließen. Nach § 21 Abs. 3 Satz 1 GemO kann die Bürgerschaft mit einem sog. Bürgerbegehren einen Bürgerentscheid beantragen. Es muss sich dabei um eine Angelegenheit des Wirkungskreises der Gemeinde handeln, für die der Gemeinderat zuständig ist. Nach § 21 Abs. 3 Satz 2 GemO darf ein Bürgerbegehren nur Angelegenheiten zum Gegenstand haben, über die innerhalb der letzten drei Jahre kein Bürgerentscheid durchgeführt wurde. Da hier laut Aufgabentext nur Gerüchte kursieren, aber kein Gemeinderatsbeschluss vorliegt, sind dabei keine Fristen zu beachten. Notwendig sind die schriftliche Einreichung des Bürgerbegehrens mit einer Begründung und die Nennung der zur Entscheidung zu bringenden Frage. Auch ein Kostendeckungsvorschlag ist ggf. erforderlich. Nach § 21 Abs. 3 GemO sind Unterschriften von 7 % der Bürger erforderlich, jedoch höchstens von 20000 Bürgern. Der Gemeinderat entscheidet über die Zulässigkeit. Der Bürgerentscheid ist nach § 21 Abs. 6 GemO dann i. d. R. innerhalb von vier Monaten nach der Entscheidung über die Zulässigkeit durchzuführen. Nach § 21 Abs. 8 GemO hat der Bürgerentscheid die Wirkung eines Gemeinderatsbeschlusses und kann innerhalb von drei Jahren nur durch einen neuen Bürgerentscheid ersetzt werden.

Fall 20 (Bürgerbeteiligung – §§ 20a ff. GemO)

Aufgabentext

Bürgermeister Hans Lustig war nach acht Jahren in seiner Gemeinde, die 2900 Bürger hat, ohne Gegenkandidat mit gerade einmal 51,1 % der gültigen Stimmen wiedergewählt worden, obwohl er im Gemeinderat mit allen Mitgliedern „prima klar gekommen" ist und mit jedem Gemeinderatsmitglied „per Du" ist. Als nun bekannt wird, dass er mit dem Gedanken spielt, bei der Oberbürgermeisterwahl in einer benachbarten Großen Kreisstadt anzutreten, waren sich die Gemeinderatsfraktionen trotzdem einig, dass man alles tun müsse, um den Bürgermeister Lustig von diesem Vorhaben abzubringen und ihn in der Gemeinde zu halten. In der nächsten nichtöffentlichen Sitzung am 24.7.2017 hatte unter Punkt „Verschiedenes, Bekanntgaben und Anfragen" der Erste Stellvertretende Bürgermeister, Richard Bayer, den Bürgermeister Hans Lustig gebeten, ihm den Vorsitz zu überlassen, da man noch etwas zu besprechen habe, bei dem der Bürgermeister befangen wäre. Der Gemeinderat hatte dann in dieser nichtöffentlichen Sitzung beschlossen, für den Bürgermeister für die dienstliche und private Nutzung ein Dienstfahrzeug der Oberklasse um ca. 80000,00 Euro anzuschaffen. Weiteres wurde nicht veranlasst, lediglich der Bürgermeister wurde von dem Beschluss unterrichtet. Die örtliche Tageszeitung hatte dann aber einen „vertraulichen" Tipp erhalten und Recherchen angestellt. Am 28.10.2017 erschien dann auf der Lokalseite eine Glosse unter dem Titel „Oberklasse-Dienstwagen für Dorfbürgermeister?". Darauf war die Empörung bei einem erheblichen Teil der Bürgerschaft groß. Am Freitag, den 10.11.2017, hatten dann die drei Initiatoren den von 1000 Bürgern unterzeichneten Antrag auf Durchführung eines Bürgerentscheids zu der Frage; „Sind Sie der Auffassung, dass der Gemeinderatsbeschluss über die Anschaffung eines Dienstwagens der Oberklasse für den Bürgermeister einer 2900-Einwohner-Gemeinde maßlos überzogen ist, und deshalb zurückgenommen werden muss ?" bei der Gemeinde eingereicht. Auch eine ausführliche Begründung für das Bürgerbegehren war mit vorgelegt worden. In der Folge hatte der Gemeinderat die Durchführung des Bürgerentscheides abgelehnt und zur Begründung ausgeführt, dass das Bürgerbegehren, das sich gegen einen Beschluss des Gemeinderats richtet, innerhalb von drei Monaten nach dem Beschluss des Gemeinderats vom 24.7.2017 hätte eingereicht werden müssen. Die Initiatoren des Bürgerbegehrens wenden sich mit der Bitte um Rat an Sie. Bitte antworten Sie gutachtlich.

Lösungsvorschlag

Nach der Vorschrift des § 21 Abs. 3 Satz 1 GemO kann die Bürgerschaft über eine Angelegenheit des Wirkungskreises der Gemeinde, für die der Gemeinderat zuständig ist, einen Bürgerentscheid beantragen. Diesen Vorgang nennt man ein Bürgerbegehren. Ein solches Bürgerbegehren darf gemäß § 21 Abs. 3 Satz 2 GemO allerdings nur Angelegenheiten zum Gegenstand haben, über die innerhalb der letzten drei Jahre nicht bereits ein Bürgerentscheid aufgrund eines Bürgerbegehrens durchgeführt wurde. Das Bürgerbegehren muss gemäß § 21 Abs. 3 Satz Halbsatz 1 GemO schriftlich eingereicht werden, wobei § 3a des Landesverwaltungsverfahrensgesetzes (LVwVfG) keine Anwendung findet. Wenn sich das Bürgerbegehren gegen einen Beschluss des Gemeinderats richtet, muss es gemäß § 21 Abs. 3 Satz 3 Halbsatz 2 GemO innerhalb von drei Monaten nach der Bekanntgabe dieses Beschlusses eingereicht sein. Das Bürgerbegehren muss gemäß § 21 Abs. 3 Satz 4 GemO die zur Entscheidung zu bringende Frage, eine Begründung und einen nach den gesetzlichen Bestimmungen durchführbaren Vorschlag für die Deckung der Kosten der verlangten Maßnahme enthalten. Nach § 21 Abs. 3 Satz 6 GemO muss das Bürgerbegehren von mindestens 7 % der Bürger unterzeichnet sein, höchstens jedoch von 20000 Bürgern. Nach § 21 Abs. 4 GemO entscheidet der Gemeinderat über die Zulässigkeit eines Bürgerbegehrens. Hier wurde das Bürgerbegehren zu einer Angelegenheit eingereicht, die eindeutig im Wirkungsbereich der Gemeinde liegt. Auch darf man davon ausgehen, dass in einer 2900-Bürger-Gemeinde der Gemeinderat für eine Anschaffung in der Größenordnung von immerhin 80000,00 Euro zuständig ist und damit keine Angelegenheit der laufenden Verwaltung vorliegt. Dafür, dass in den letzten drei Jahren bereits ein Bürgerentscheid zu der angesprochenen Frage durchgeführt wurde, ist nichts ersichtlich. Das Bürgerbegehren ist schriftlich eingereicht worden, es enthält die zu beantwortende Frage und eine Begründung. Ein Kostendeckungsvorschlag war hier offensichtlich nicht erforderlich, da sich das Bürgerbegehren ausschließlich auf eine kosteneinsparende Maßnahme bezieht. (Hätte es eines Kostendeckungsvorschlags bedurft, wäre die Gemeinde nach § 21 Abs. 3 Satz 5 GemO verpflichtet gewesen, zu dessen Erstellung Auskünfte zur Sach- und Rechtslage zu geben.) Auch die Zahl der Unterschriften war hier ausreichend, es hätten anstelle der eingereichten 1000 Unterzeichner nämlich bereits 7 % der 2900 Bürger, also mithin 203 Unterschriften, ausgereicht. Damit sind insoweit die erforderlichen formellen und materiellen Voraussetzungen für die Zulassung des Bürgerbegehrens erfüllt. Vom Gemeinderat wurde das Bürgerbegehren hier aber wegen einer angeblichen Verfristung für unzulässig erklärt. Nach Auffassung des Gemeinderats hätte das Bürgerbegehren, da es sich gegen einen Beschluss des Gemeinderats richtet, innerhalb von drei Monaten nach dem Beschluss des Gemeinderats vom 24.7.2017 eingereicht werden müssen. Diese Auffassung geht fehl. Nach dem Wortlaut des Gesetzes bestimmt § 21 Abs. 3 Satz 3 GemO, dass ein Bürgerbegehren innerhalb von drei Monaten *nach* der Bekanntgabe des Beschlusses eingereicht sein. Die Bekanntgabe des nichtöffentlichen Beschlusses, die nach § 35 Abs. 1 Satz 3 GemO zwingend vorgeschrieben ist, war hier aber schon gar nicht erfolgt. Die Bürgerschaft konnte damit keine Kenntnis von dem Vorgang erhalten und demzufolge konnte der Fristenlauf der Drei-Monats-Frist des § 21 Abs. 3 Satz 3 GemO nicht beginnen und eine Verfristung somit auch nicht vorliegen.

Ergebnis: Das Bürgerbegehren war rechtsfehlerfrei beantragt worden. Die Initiatoren des Bürgerbegehrens können den Bürgerentscheid auf dem Verwaltungsrechtsweg erstreiten.

Weitere Anmerkungen:

Bürgermeister können auch befangen i. S. von § 18 GemO sein. Sie sind zwar insoweit keine ehrenamtlichen Tätigen, aber hier gilt die spezielle Geltung von § 52 GemO i. V. m. § 18 GemO.

Man könnte durchaus darüber diskutieren, ob die Veröffentlichung in der örtlichen Tagespresse als eine Art nichtoffizieller „öffentlicher Bekanntmachung“ angesehen werden kann. Dies konnte hier aber deshalb offen bleiben, weil diese Auffassung in Bezug auf die Drei-Monats-Frist zum selben Ergebnis führt.

Fall 21 (Gemeinderat, Rechtsstellung und Aufgaben – § 24 GemO)

Aufgabentext

a) *Um die Stelle des Stadtkämmerers der Großen Kreisstadt Gelbstadt hatten sich insgesamt 15 Kandidaten beworben. Im Vorfeld der Wahl hatte der Oberbürgermeister aus den 15 Kandidaten drei Bewerber ausgewählt, die sich im Gemeinderat mit seinen 32 Mitgliedern zuzüglich dem Oberbürgermeister vorstellen durften. Nach der Vorstellung von Sabine Mayer, Gabi Gruber und Hermann Müller wurde ohne weitere Diskussion in die Wahl eingetreten. Sabine Mayer erhielt dabei 26 Stimmen, Gabi Gruber vier Stimmen und Hermann Müller drei Stimmen. Danach hatte der Oberbürgermeister die Erklärung abgegeben, dass für ihn grundsätzlich nur die Bewerberin Gabi Gruber in Frage komme. Es wurde danach erneut gewählt, Sabine Mayer erhielt dabei wiederum 26 Stimmen, Gabi Gruber sechs Stimmen und Hermann Müller eine Stimme. Der Oberbürgermeister ist entsetzt und wendet sich mit der Bitte um Rechtsauskunft an Sie. Was werden Sie ihm antworten?*

b) *Gerüchteweise war bekanntgeworden, dass der Oberbürgermeister einen „Strafzettel" seiner Gemeindevollzugsbeamten wegen einer Geschwindigkeitsüberschreitung wieder „einkassiert" habe, um dem ihm gut bekannten, vom Bußgeld betroffenen Unternehmer einen Gefallen zu tun. Ein einzelnes Gemeinderatsmitglied fragt deshalb bei Ihnen nach, welche Möglichkeiten der Informationsbeschaffung ihm, seiner Fraktion bzw. im Zusammenwirken mit anderen Ratsmitgliedern oder Fraktionen in dieser Angelegenheit zustehen. Was werden Sie ihm empfehlen?*

Lösungsvorschlag

Zu a)

Nach § 24 Abs. 2 GemO entscheidet der Gemeinderat im Einvernehmen mit dem Bürgermeister über die Ernennung, Einstellung und Entlassung der Gemeindebediensteten. Das Gleiche gilt für die nicht nur vorübergehende Übertragung einer anders bewerteten Tätigkeit bei einem Arbeitnehmer sowie für die Festsetzung des Entgelts, sofern kein Anspruch aufgrund eines Tarifvertrags besteht. Kommt es zu keinem Einvernehmen, entscheidet der Gemeinderat mit einer Mehrheit von zwei Dritteln der Stimmen der Anwesenden allein. Hier hatte der Oberbürgermeister nach der Wahl das Einvernehmen versagt. Deshalb wäre es bei oberflächlicher Betrachtung folgerichtig gewesen, nach Feststellung des fehlenden Einvernehmens erneut zu wählen. Allerdings hatte der Oberbürgermeister mit der Einladung von drei Bewerbern, die er zudem persönlich ausgesucht hatte, konkludent das Signal gegeben, dass alle drei auch wählbar sind. Damit hätte er eigentlich nicht nach erfolgter Wahl das Einvernehmen versagen dürfen. Letztendlich kann dies hier aber dahinstehen, da das Ergebnis der zweiten Wahl auch nach der zwischenzeitlichen Erklärung des Oberbürgermeisters eine Mehrheit der Stimmen von mehr als zwei Dritteln für *Sabine Mayer* ergab. Damit ist dem Erfordernis des § 24 Abs. 2 Satz 2 GemO Genüge getan und *Sabine Mayer* ist auch gegen den Willen des Oberbürgermeisters gewählt.

Zu b)

Nach § 24 Abs. 3 Satz 1 GemO kann eine Fraktion oder ein Sechstel der Gemeinderäte in allen Angelegenheiten der Gemeinde und ihrer Verwaltung verlangen, dass der Bürgermeister den Gemeinderat unterrichtet. Ein Viertel der Gemeinderäte kann nach § 24 Abs. 3 Satz 2 GemO in Angelegenheiten i. S. von Satz 1 verlangen, dass dem Gemeinderat oder einem von ihm bestellten Ausschuss Akteneinsicht gewährt wird. In dem Ausschuss müssen die Antragsteller vertreten sein. Jeder Gemeinderat kann zudem nach § 24 Abs. 4 GemO an den Bürgermeister schriftliche, elektronische oder in einer Sitzung des Gemeinderats mündliche Anfragen über einzelne Angelegenheiten i. S. von § 24 Abs. 3 Satz 1 GemO richten, die binnen angemessener Frist zu beantworten sind. Vor diesem Hintergrund wäre dem Gemeinderatsmitglied zu empfehlen:

- Wenn er allein vorgehen will, kann er gemäß § 24 Abs. 4 GemO eine direkte Anfrage an den Oberbürgermeister stellen, die dieser binnen angemessener Frist zu beantworten hat.
- Wenn er gemeinsam mit seiner Fraktion tätig werden will, kann er gemäß § 24 Abs. 3 Satz 1 GemO verlangen, dass der Oberbürgermeister den Gemeinderat unterrichtet.
- Dasselbe gilt, wenn er zusammen mit weiteren vier Mitglieder – egal von welchen Fraktionen – tätig wird, dann ist nämlich die Forderung von § 24 Abs. 3 Satz 1 GemO nach einem Sechstel des Gemeinderats erfüllt (26 GR + OB= 27 davon 1/6 = 4,5 = 5).
- Wenn er gar zusammen mit weiteren sechs Mitgliedern – egal von welchen Fraktionen – tätig wird, dann ist nach § 24 Abs. 3 Satz 2 GemO auch ein Akteneinsichtsrecht bzw. ein Akteneinsichtsausschuss möglich. Hierzu ist nämlich dann die Voraussetzung eines Viertels des Gemeinderats erfüllt (26 GR + OB= 27 davon 1/4 = 6,75 = 7).

Fall 22 (Ausscheiden aus dem Gemeinderat – § 31 GemO)

Aufgabentext

a) *Gemeinderat Wunder wurde über die CDU-Liste in den Gemeinderat gewählt. Er ist aus der CDU ausgetreten und direkt in die SPD eingetreten. Die CDU hatte ihn daraufhin aufgefordert, sein Mandat zurückzugeben, „da er es ja nur durch seine Kandidatur auf der CDU-Liste errungen habe". Nachdem sich Gemeinderat Wunder geweigert hatte, dem nachzukommen, hatte die CDU-Fraktion beim Bürgermeister den Antrag gestellt, den Gemeinderat Wunder aus dem Gemeinderat auszuschließen und dessen Ersatzbewerber von der CDU-Liste in den Gemeinderat nachrücken zu lassen. Das gebiete schon die Gemeindeordnung sinngemäß aus § 16 Abs. 1 letzter Satz GemO. Der Bürgermeister bittet Sie um Fertigung der Beratungsunterlage für die nächste Gemeinderatssitzung.*

b) *Der Teilort Donnerweiler von Gelbstadt hat im Zuge der Einführung der unechten Teilortswahl einen garantierten Sitz im Gemeinderat erhalten. Den Sitz hatte bei der letzten Kommunalwahl Gemeinderätin Sommer errungen. Im März 2018 hat sie den Wohnort gewechselt und wohnt nun in der Innenstadt von Gelbstadt. In der nächsten Gemeinderatssitzung wird sie vom Donnerweiler Ortsvorsteher aufgefordert, Ihr Gemeinderatsmandat niederzulegen. Sie sei von den Wählern in Donnerweiler im Rahmen der unechten Teilortswahl als deren Interessenvertretung gewählt worden. Nun wohne sie aber in der Kernstadt, das könne nicht sein. Gemeinderätin Sommer bittet Sie um gutachtliche Überprüfung des Sachverhalts.*

Lösungsvorschlag

Zu a)

Nach § 31 Abs. 1 GemO scheiden aus dem Gemeinderat die Mitglieder aus, die die Wählbarkeit verlieren. Gemeinderat Wunder hat laut Aufgabentext aber die Wählbarkeit offensichtlich nicht verloren. Es liegen deshalb auch keine Gründe dafür vor, dem Ansinnen der CDU-Fraktion nachzukommen, das Ausscheiden des Gemeinderatsmitglieds festzustellen. Zunächst einmal ist hierzu festzustellen, dass nach § 32 Abs. 3 GemO die Gemeinderäte im Rahmen der Gesetze nach ihrer freien, nur durch das öffentliche Wohl bestimmten Überzeugung entscheiden. Man spricht hierzu auch vom freien Mandat. Zum anderen gebietet gerade der hier von der CDU zitierte § 16 Abs. 1 letzter Satz GemO etwas ganz anderes. Denn diese Vorschrift regelt, dass ein Bürger sein Ausscheiden aus dem Gemeinderat oder Ortschaftsrat verlangen kann, wenn er aus der Partei oder Wählervereinigung ausscheidet, auf deren Wahlvorschlag er in den Gemeinderat oder Ortschaftsrat gewählt wurde. Also besteht mithin kein Recht der Partei oder Wählervereinigung, über den ehrenamtlichen Bürger zu verfügen, sondern ein alleiniges Selbstbestimmungsrecht des gewählten Bürgers gerade über diese Frage. Und damit besteht auch kein Anlass oder gar Verpflichtung der Gemeinde, tätig zu werden.

Zu b)

Wie bereits unter a) ausgeführt, scheiden nach § 31 Abs. 1 GemO aus dem Gemeinderat die Mitglieder aus, die die Wählbarkeit verlieren. Wahlgebiet für die Gemeinderatswahl ist auch bei unechter Teilortswahl das gesamte Gemeindegebiet. Frau Sommer wohnt zwar jetzt in einem anderen Ortsteil, aber immer noch im Gemeindegebiet. Damit hat sie die Wählbarkeit nicht verloren. Daran vermag auch die Tatsache nichts zu ändern, dass sie den einzigen „garantierten" Gemeinderatssitz des Ortsteils Donnerweiler innehat. Dass solche Konstellationen möglich sind, war im Übrigen dem Landesgesetzgeber bei Einführung der „unechten Teilortswahl bewusst.

Fall 23 (Mitwirkung im Gemeinderat – § 33 GemO)

Aufgabentext

Der Bürger Besserwisser ist regelmäßiger Besucher von Gemeinderatssitzungen in Baudorf. Nach der Geschäftsordnung des Gemeinderats von Baudorf findet eine Bürgerfragestunde alle drei Monate im Rahmen einer Gemeinderatssitzung statt. Nachdem er bei der letzten Bürgerfragestunde heftig die Zustände in Syrien kritisiert und die UNO heftig angegriffen hat, entzieht ihm der Bürgermeister das Wort. Besserwisser ist empört und wendet sich mit der Bitte um gutachterliche Stellungnahme an Sie. Was antworten sie ihm?

Lösungsvorschlag:

Nach § 33 Abs. 4 GemO kann der Gemeinderat die Möglichkeit zu einer Fragestunde im Rahmen von Gemeinderatssitzungen einräumen. Allerdings beschränkt sich dieses Recht nach der Formulierung in § 33 Abs. 4 GemO auf Gemeindeangelegenheiten. Die Lage in Syrien ist aber offenkundig so wenig eine Gemeindeangelegenheit wie Angelegenheiten der UNO. Damit hat der Bürgermeister richtig gehandelt.

Fall 24 (Geschäftsgang im Gemeinderat – §§ 34 ff. GemO)

Aufgabentext

Seit vielen Jahren versucht die Gemeindeverwaltung von Rotdorf eine Grundstücksfläche von ca. 20000 m² Fläche am Ortsrand zu erwerben. Die Fläche gehört zwei in Südamerika wohnenden unverheirateten Brüdern, die bisher auf Anfragen der Gemeinde nie geantwortet haben. Nunmehr hat der Bürgermeister zufällig aus den Reihen der Verwandtschaft erfahren, dass die beiden Grundstückseigentümer Deutschland bereisen. Er hat sich dann am 11.6.2018 in der Denkmalstadt Dinkelsbühl mit den beiden Brüdern getroffen und dabei völlig überraschend ein sofortiges Verhandlungsergebnis erreicht. Die Brüder würden zu einem Preis von 100,00 Euro/m² alles verkaufen. Aber nur unter der Bedingung, dass der Vertrag innerhalb von drei Tagen abgeschlossen wird, und der gesamte Kaufpreis von 2000000,00 Euro in bar ausbezahlt wird, und zwar in US-Dollar. Daraufhin hat der Bürgermeister während der Heimfahrt nach Rotdorf noch vom Autotelefon aus seine Hauptamtsleiterin eine nichtöffentliche Gemeinderatssitzung auf den nächsten Tag um 18.00 Uhr einberufen lassen. Einziger Tagesordnungspunkt: Grunderwerb von 20000 m² am Ortsrand. Die Hauptamtsleiterin hat alle Gemeinderatsmitglieder telefonisch verständigt. Zu Beginn hatte Gemeinderat Taler bemängelt, dass zu der Sitzung nicht ordnungsgemäß eingeladen worden sei. Bitte nehmen Sie gutachtlich Stellung.

Lösungsvorschlag

Nach § 37 Abs. 1 GemO kann der Gemeinderat nur in einer ordnungsmäßig einberufenen und geleiteten Sitzung beraten und beschließen. Nach § 34 GemO beruft der Bürgermeister den Gemeinderat mit angemessener Frist ein und teilt rechtzeitig in der Regel mindestens sieben Tage vor dem Sitzungstag die Verhandlungsgegenstände mit. In Notfällen kann der Gemeinderat gemäß § 34 Abs. 2 GemO auch ohne Frist, formlos und nur unter Angabe der Verhandlungsgegenstände eingeladen werden. Die Bezeichnung „Notfall“ im Gesetz ist hier etwas irreführend. Denn unter einem Notfall versteht man in der Umgangssprache meist ein Ereignis mit negativem Umfeld. Die hier vorgenommene Einordnung der Gemeinderatssitzung in „Notfällen“ erhellt sich aber mit Blick auf § 43 Abs. 4 GemO. Danach entscheidet der Bürgermeister in dringenden Angelegenheiten des Gemeinderats, deren Erledigung auch nicht bis zu einer ohne Frist und formlos einberufenen Gemeinderatssitzung gemäß § 34 Abs. 2 GemO aufgeschoben werden kann, anstelle des Gemeinderats. Also ist die fristgerechte Einladung gemäß § 34 Abs. 1 GemO der Regelfall, die „Notfallsitzung" gemäß § 34 Abs. 2 GemO der Ausnahmefall und die Eilentscheidung des Bürgermeisters erst das letzte Mittel. Daran gemessen war die Einberufung des Gemeinderats nach § 34 Abs. 2 GemO hier zu Recht erfolgt. Zum einen handelte es sich nach dem Aufgabentext um eine wirklich dringende Angelegenheit. Bei den von den Grundstückseigentümern gesetzten Bedingungen wären die Fristen des § 34 Abs. 1 GemO schon gar nicht einzuhalten gewesen. Für eine Eilentscheidung des Bürgermeisters war aber auch noch kein Raum, denn die Sitzung nach § 34 Abs. 2 GemO war noch möglich. Zum anderen hat sich hier das Problem der Sitzungsöffentlichkeit auch nicht gestellt. Zwar stellt § 34 Abs. 2 GemO klar, dass bei einer „Notfallsitzung" die Veröffentlichungsvorschriften von § 34 Abs. 1 Satz 7 GemO keine Anwendung finden, doch hier war angesichts des Verhandlungsgegenstands ohnehin eine nichtöffentliche Verhandlung geboten.

Fall 25 (Geschäftsgang im Gemeinderat – §§ 34 ff. GemO)

Aufgabentext

Der Gelbstadter Stadtrat Max Maier hatte in einer Gemeinderatssitzung am 20.11.2017 beantragt, die eigentlich in nichtöffentlicher Sitzung vorgesehene Beratung über angebliche Verfehlungen des Oberbürgermeisters beim Erwerb seines neuen Dienstwagens in öffentlicher Sitzung zu beraten. Eine Mehrheit des Gemeinderats hatte dies unterstützt und beschlossen, diesen Tagesordnungspunkt am Anfang der öffentlichen Sitzung zu behandeln. Dazuhin hatte der Gemeinderat in öffentlicher Sitzung den Oberbürgermeister noch während dessen Anwesenheit am Sitzungstisch für befangen erklärt. Danach hatte der Erste Bürgermeister (Beigeordneter) die Sitzungsleitung übernommen und den Oberbürgermeister aus dem Sitzungssaal verwiesen, da mit dessen Anwesenheit „eine offene Aussprache kaum möglich sei". Nach teilweise turbulenter Sitzung hatte eine knappe Mehrheit des Gemeinderats dem Oberbürgermeister das „Misstrauen" ausgesprochen und ihn mit sofortiger Wirkung vom Dienst „suspendiert". Der Oberbürgermeister ist darüber entsetzt. Bitte beurteilen sie die Vorgänge gutachtlich.

Lösungsvorschlag

Nach § 37 Abs. 1 GemO kann der Gemeinderat nur in einer ordnungsmäßig einberufenen und geleiteten Sitzung beraten und beschließen. Nach § 34 GemO beruft der (Ober)Bürgermeister den Gemeinderat mit angemessener Frist ein und teilt rechtzeitig in der Regel mindestens sieben Tage vor dem Sitzungstag die Verhandlungsgegenstände mit. Aus dem in § 35 GemO verankerten Öffentlichkeitsgrundsatz folgt die Pflicht zur ortsüblichen Bekanntmachung von Gemeinderatssitzungen, die in § 34 Abs. 1 Satz 7 GemO ihre Konkretisierung gefunden hat. Vor diesem Hintergrund ist hier festzustellen, dass eine Verschiebung eines nicht-öffentlichen Tagesordnungspunktes in die öffentliche Sitzung schon grundsätzlich nicht möglich ist. Dies ergibt sich bereits daraus, dass eine vorherige öffentliche Bekanntgabe des Tagesordnungspunktes im Rahmen der Sitzungseinladung nicht erfolgt ist. Deshalb ist hier festzustellen, dass die Sitzung nicht ordnungsgemäß i. S. von § 37 Abs. 1 GemO einberufen war. Als Folge davon konnte der Gemeinderat nicht beraten und beschließen, die hier gefassten Beschlüsse waren also rechtswidrig. Hinzu sind weitere formale Fehler zu beanstanden. Die Befangenheit ist in § 18 GemO geregelt. (Anm.: Diese Vorschriften gelten nach § 52 GemO auch für den (Ober)Bürgermeister und die Beigeordneten.) Ob ein Ausschlussgrund wegen Befangenheit vorliegt, entscheidet nach § 18 Abs. 4 Satz 2 GemO in Zweifelsfällen in Abwesenheit des Betroffenen bei Gemeinderäten und bei Ehrenbeamten der Gemeinderat. Hier hätte also der Gemeinderat in Abwesenheit des Oberbürgermeisters entscheiden müssen. Dieser war aber noch am Sitzungstisch anwesend. Dass der Erste Bürgermeister (Beigeordnete) den Oberbürgermeister aus dem Sitzungssaal verwiesen hat, ist als klarer Verstoß gegen § 18 Abs. 5 GemO zu betrachten. Nach dieser Vorschrift muss derjenige, der an Beratung und Entscheidung nicht mitwirken darf, die „Sitzung" verlassen. Dies bedeutet aber nicht, dass er zwangsläufig den Sitzungssaal verlassen muss. Dies wäre nämlich nur bei nicht-öffentlichen Sitzungen der Fall, keineswegs aber bei öffentlichen Sitzungen. Bei denen hat der Oberbürgermeister als Bürger dasselbe Recht wie jeder andere anwesende Bürger. Selbst wenn alle formalen Anforderungen erfüllt gewesen wären, hätte eine „Suspendierung" des Oberbürgermeisters keinerlei Rechtswirkung gehabt. Dies ergibt sich daraus, dass der (Ober)Bürgermeister nach § 44 Abs. 5 GemO zwar Vorgesetzter, Dienstvorgesetzter und oberste Dienstbehörde der Gemeindebediensteten ist, für ihn selbst als Dienstaufsichtsbehörde aber nicht der Gemeinderat zuständig ist, sondern die Rechtsaufsichtsbehörde, hier also gemäß § 119 GemO das Regierungspräsidium).

Fall 26 (Geschäftsgang im Gemeinderat – §§ 34 ff. GemO)

Aufgabentext

In der Gemeinde Blauholz war bekannt geworden, dass nach den Vorstellungen des Landrats in das auf dem Gelände der Gemeinde gelegene frühere Bundeswehrdepot

1000 Flüchtlinge und Asylsuchende aufgenommen werden sollen. Insbesondere war in der Gemeinde diskutiert worden, ob bei nur 4000 Einwohnern der Gemeinde 1000 Flüchtlinge und Asylsuchende überhaupt noch betreut werden können. Der Bürgermeister hatte daher den Landrat in die nächste öffentliche Gemeinderatssitzung eingeladen. Einziger Tagesordnungspunkt war: „Aufnahme von Flüchtlingen und Asylsuchenden im früheren Bundeswehrdepot“. Nachdem der Bürgermeister die Sitzung eröffnet hatte, übergab er die Sitzungsleitung dem Landrat. Unter dessen Sitzungsleitung hatte der Gemeinderat schließlich dem Konzept des Landkreises mit allen Stimmen und der Stimme des Landrats zugestimmt. Dem Lokalredakteur Emil Schlaule vom „Turmwächter“ erscheint der Ablauf der Sitzung merkwürdig. Er will von Ihnen eine gutachtliche Stellungnahme zu den Vorgängen. Was werden sie ihm antworten?

Lösungsvorschlag

Der Gemeinderat kann nach § 37 Abs. 1 GemO nur in einer ordnungsmäßig einberufenen und geleiteten Sitzung beraten und beschließen. Nach § 36 Abs. 1 GemO eröffnet, leitet und schließt der Vorsitzende die Verhandlungen des Gemeinderats. Vorsitzender des Gemeinderats ist der Bürgermeister. Der Landrat steht dagegen in keinerlei Beziehung zum Gemeinderat einer Kreisgemeinde. Der Umstand, dass hier wohl offensichtlich der Landrat die Gemeinderatssitzung geleitet und auch wohl mit abgestimmt hatte, ist deshalb als Verstoß gegen § 36 Abs. 1 i. V. m. § 37 Abs. 1 GemO zu werten und führt deshalb zur Rechtswidrigkeit des Beschlusses.

Fall 27 (Geschäftsgang im Gemeinderat – §§ 34 ff. GemO)

Aufgabentext

Der Bürgermeister der Gemeinde Rothofen wurde nach einem Bericht der Tageszeitung zum wiederholten Mal beim „Rasen mit seinem Dienstwagen“ erwischt. Am Tag nach dem Zeitungsbericht hatte der 1. ehrenamtliche Stellvertreter des Bürgermeisters den Gemeinderat zu einer „Eilsitzung“ eingeladen, einziger Tagesordnungspunkt war: „Abschaffung des gemeindeeigenen Dienstwagens“. Alle Gemeinderatsmitglieder waren erschienen und hatten einstimmig beschlossen, den Dienstwagen für den Bürgermeister abzuschaffen. Als der Bürgermeister davon erfährt, ist er entsetzt und bittet Sie um gutachtliche Äußerung. Was werden Sie ihm antworten?

Lösungsvorschlag

Nach § 37 Abs. 1 GemO kann der Gemeinderat nur in einer ordnungsmäßig einberufenen und geleiteten Sitzung beraten und beschließen. Nach § 34 Abs. 1 GemO beruft der Bürgermeister den Gemeinderat schriftlich oder elektronisch mit angemessener Frist ein und teilt rechtzeitig in der Regel mindestens sieben Tage vor dem Sitzungstag die Verhandlungsgegenstände mit. Ein Selbsteinberufungsrecht des Gemeinderats ist dagegen in der GemO nicht vorgesehen. Deshalb war hier schon die Sitzungseinladung nicht ordnungsgemäß erfolgt, damit konnte auch nicht ordnungsgemäß beraten und beschlossen werden.

Ergebnis: Der Beschluss ist rechtswidrig erfolgt.

Fall 28 (Geschäftsgang im Gemeinderat – §§ 34 ff. GemO)

Aufgabentext

Bei der Beratung über die Vergabe von Rohrverlegungsarbeiten beantragt Stadtrat Pfiffig, die öffentliche Gemeinderatsitzung zu unterbrechen und nichtöffentlich weiter zu beraten, da er brisante Informationen über den günstigsten Bieter hätte, die er in der Öffentlichkeit nicht nennen wolle. Daraufhin verweist der Bürgermeister alle Zuhörer und die Presse aus dem Sitzungssaal. Anschließend erläutert Stadtrat Pfiffig seine Kenntnisse, daraufhin beschließt der Gemeinderat noch in nichtöffentlicher Sitzung entgegen dem Verwaltungsvorschlag die Vergabe an einen anderen und teureren Bieter. Der unterlegene Bieter wendet sich an Sie und bittet um gutachtliche Stellungnahme.

Lösungsvorschlag

Gemäß § 35 Abs. 1 Satz 3 GemO beschließt der Gemeinderat über Anträge aus der Mitte des Gemeinderats, einen Verhandlungsgegenstand entgegen der Tagesordnung in öffentlicher oder nichtöffentlicher Sitzung zu verhandeln in nichtöffentlicher Sitzung. Es geht dabei nicht um den Beratungsgegenstand an sich, sondern um die Form der weiteren Beratung darüber.

Ergebnis: Der Bürgermeister hätte deshalb nicht gleich nichtöffentlich in der Sache beschließen lassen dürfen, sondern nur darüber, ob der Verhandlungsgegenstand öffentlich oder nichtöffentlich behandelt wird.

Anmerkung: Sinnvollerweise wäre nach dem Beschluss, ob nichtöffentlich/öffentlich in der Sache zu entscheiden ist, vom Bürgermeister die Öffentlichkeit wiederhergestellt worden, um dann den in nichtöffentlicher Sitzung gefassten Beschluss über das weitere Vorgehen bekanntzugeben.

Fall 29 (Öffentlichkeit der Sitzungen – § 35 GemO)

Aufgabentext

In der Gemeinde Baudorf ist der Bau eines sogenannten „Center-Parks" im Gespräch. Es sollen Ferienanlagen mit Freizeiteinrichtungen in einem früheren Militärgelände, das weitgehend bewaldet ist, geschaffen werden. Die planende Gesellschaft kündigte an, über 600 Arbeitsplätze schaffen zu wollen. Da es Widerstände im Ort gibt, veranstaltet der Bürgermeister eine Busfahrt für den Gemeinderat und interessierte Mitbürger in die Niederlande. Dort soll eine solche bestehende Anlage besichtigt werden. Gleichzeitig kündigt der Bürgermeister im Gemeindeblatt eine öffentliche Gemeinderatssitzung in der dortigen Freizeitanlage an. Einziger Tagesordnungspunkt: Zustimmung zum Bau einer solchen Anlage in der Gemeinde Baudorf. Diesem Vorgehen hatten in der Gemeinderatssitzung zuvor alle Gemeinderatsmitglieder zugestimmt mit der Begründung, dass man mit frischen Erlebnissen vor Ort doch besser und auch unbefangener entscheiden könne. Die öffentliche Gemeinderatssitzung fand statt. Es waren sogar ca. 20 interessierte Bürger aus Baudorf während der Sitzung anwesend. Dem Bau der Anlage wurde einstimmig zugestimmt. Bürger Hans Naturnah ist darüber entsetzt. Er hatte an dem geplanten Termin keine Zeit, an der Busreise teilzunehmen, ist aber gegen das Vorhaben. Er wendet sich an Sie mit der Bitte um rechtliche Beratung. Was werden Sie ihm antworten?

Lösungsvorschlag

Gemäß § 35 GemO gilt für Beratung und Beschlussfassung des Gemeinderats der Grundsatz der Öffentlichkeit. Dazu gehört nicht nur, dass der Bürger gemäß § 34 Abs. 1 Satz 7 GemO Kenntnis von einer öffentlichen Gemeinderatssitzung hat, sondern auch die Möglichkeit, die Sitzung zu besuchen. Nach allgemeiner Auffassung und gefestigter Rechtsprechung ist das nur dann der Fall, wenn der Sitzungsort sich innerhalb der Gemeinde befindet und öffentlich zugänglich ist. Nach alledem entsprach die öffentliche Gemeinderatssitzung nicht den Anforderungen. Damit verstößt der Beschluss gegen den Grundsatz der Öffentlichkeit und ist rechtswidrig. Dass sich ca. 20 interessierte Bürger vor Ort befanden, kann daran nichts ändern.

Fall 30 (Öffentlichkeit der Sitzungen – § 35 GemO)

Aufgabentext

Im Gemeinderat der baden-württembergischen Gemeinde Großenkleinen (G) wurde in nichtöffentlicher Sitzung über die Vergabe eines Planungsauftrages für die Überplanung einer gemeindlichen Brachfläche mit dem Ziel der Errichtung eines sog. Factory Outlets beraten. In diesem Zusammenhang waren auch die Vermögensverhältnisse der Bieter, insbesondere des Anton Anschreiber (A), einem bundesweit tätigen Großinvestor, Gegenstand der Erörterung. A hatte schließlich auch den Zuschlag der Gemeinde für die Realisierung des Planungsauftrages erhalten. Gemeinderat Siegmund Sauerbier (S) hält es für rechtswidrig, dass die Öffentlichkeit bei der Beschlussfassung ausgeschlossen war. Er möchte erreichen, dass festgestellt wird, dass die Beratung und Beschlussfassung über den Planungsauftrag im nichtöffentlichen Teil der Gemeinderatssitzung rechtswidrig gewesen ist. Durch die Nichtöffentlichkeit der Sitzung sei er in seinem Mitgliedschaftsrecht auf Öffentlichkeit der Gemeinderatssitzung verletzt. Der Öffentlichkeitsgrundsatz diene der demokratischen Kontrolle und Legitimation des Gemeinderats. Diese Funktion begründe ein vom Gemeinderat insgesamt abgeleitetes Mitgliedschaftsrecht auf Öffentlichkeit der Sitzung.

a) Ist die Rechtsauffassung des S zutreffend?

b) Wie könnte S – unterstellt seine Rechtsauffassung ist zutreffend – vorgehen, um sein Rechtsschutzziel zu erreichen?

Lösungsvorschlag

Zu a)

Die Rechtsauffassung des *S* wäre zutreffend, wenn die Beratungen im Gemeinderat in *G* betreffend die Vergabe eines Planungsauftrages in öffentlicher Sitzung hätten stattfinden müssen. Einschlägige Vorschrift ist insoweit § 35 Abs. 1 Satz 1 GemO, der den Grundsatz der Öffentlichkeit der Sitzungen bestimmt. Hiervon sind indes nach § 35 Abs. 1 Satz 2 GemO in engen Grenzen Ausnahmen zulässig, wenn das öffentliche Wohl oder die berechtigten Interessen Einzelner die Nichtöffentlichkeit erfordern. In diesen Fällen muss bei Vorliegen der entsprechenden Voraussetzungen dann zwingend nichtöffentlich verhandelt und ggf. auch beschlossen werden.

Hier kommen überwiegende berechtigte Interessen Einzelner in Betracht. Dies sind recht geschützte und anerkannte Belange privater Dritter, an deren Bekanntwerden kein berechtigtes Interesse der Öffentlichkeit bestehen kann und deren öffentliche Kenntnis nachteilige Auswirkungen für den Betroffenen haben könnte. Vorliegend verhält es sich so, dass im Rahmen der Beratungen auch maßgeblich die Vermögensverhältnisse der Bieter – wie des *A* – Gegenstand der Verhandlungen im Gemeinderat sind. In diesem Zusammenhang ist damit zu rechnen, dass Daten über die Höhe des Vermögens, etwaige Schulden oder weitere Bonitätsmerkmale der Bieter zur Sprache kommen. Da diese Daten Schlussfolgerungen auf die wirtschaftliche Leistungsfähigkeit der einzelnen Bieter haben und somit auf Folgebewerbungen bei anderen Ausschreibungen nachteilig (oder ggf. auch vorteilig) auswirken können, müssen diese im Interesse des Schutzes der Bieter von der Offenlegung gegenüber der Öffentlichkeit ausgenommen bleiben. Folglich besteht mit den berechtigten Interessen Einzelner – der Bieter – hier ein Nichtöffentlichkeitsgrund nach § 35 Abs. 1 Satz 2 GemO. Die Beratungen im Gemeinderat sind somit zu Recht unter Ausschluss der Öffentlichkeit erfolgt. Die Rechtsauffassung des S ist insoweit unzutreffend. Außerdem dient der Öffentlichkeitsgrundsatz aus § 35 Abs. 1 Satz 1 GemO nicht dem Interesse der Gemeinderäte als Mitglieder des Organs Gemeinderat (siehe auch sogleich unter b).

Zu b)

Vorausgesetzt, *S* hätte – anders als unter a) festgestellt – Recht mit seiner Auffassung, dass die Beratungen im Gemeinderat hätten öffentlich stattfinden müssen, so wäre zur Erreichung des Rechtsschutzziels ggf. an eine Klage vor dem Verwaltungsgericht im sog. Kommunalverfassungsstreitverfahren zu denken. Dies würde allerdings voraussetzen, dass die in § 35 Abs. 1 Satz 1 GemO für den Regelfall festgelegte Öffentlichkeit auch ein sog. organschaftliches Recht darstellt, auf das sich *S* in seiner Funktion als Gemeinderat berufen könnte und daher klagebefugt analog § 42 Abs. 2 VwGO wäre. Der Öffentlichkeitsgrundsatz vermittelt indes nach ganz h. M. keinen mitgliedschaftsrechtlichen Anspruch des einzelnen Gemeinderats als Mandatsträger auf Durchführung einer öffentlichen Sitzung, sondern § 35 Abs. 1 Satz 1 GemO dient anerkanntermaßen nur dem Schutz der interessierten Zuhörer, nicht aber den Mitgliedern des Gemeinderats als gewählten Mandatsträgern des Organs Gemeinderat selbst. Somit hätte eine Klage des *S* im Kommunalverfassungsstreitverfahren keine Aussicht auf Erfolg. *S* könnte auf diesem Wege sein Rechtsschutzziel nicht erreichen.

Fall 31 (Geschäftsgang im Gemeinderat – §§ 34 ff. GemO)

Aufgabentext

In der Großen Kreisstadt Gelbstadt findet jährlich ein überregional bedeutsames Volksfest mit großem Vergnügungspark statt. Bei der diesjährigen, während einer öffentlichen Gemeinderatssitzung unter dem Tagesordnungspunkt „Vergabe der Standplätze" geführten Diskussion hatte Stadtrat Hans Neugier angeregt, doch einen beschließenden Ausschuss für dieses Fest, insbesondere zur Vergabe der Standplätze des Vergnügungsparks und der Festzeltplätze, zu bilden. Über diesen Antrag hatte der Oberbürgermeister gleich abstimmen lassen. Der Beschlussantrag: „Für das Volksfest wird ein beschließender Ausschuss eingerichtet, der anstelle des Gemeinderats alle Entscheidungen trifft" fand dabei eine breite Mehrheit, auch die Mitglieder des neuen Ausschusses wurden sogleich per Akklamation unter Einigkeit des Gemeinderats bestellt. Der Oberbürgermeister verkündete dann im Anschluss an den Beschluss, dass der neue beschließende Ausschuss bereits am nächsten Mittwoch um 17.00 Uhr im Ratssaal seine erste öffentliche Sitzung abhalten wird, eine weitere Ankündigung ergehe nicht mehr, der Ausschuss und die Öffentlichkeit sei hiermit eingeladen. Sie werden um eine gutachtliche Stellungnahme zu den Vorgängen gebeten.

Lösungsvorschlag

Nach § 37 Abs. 1 GemO kann der Gemeinderat nur in einer ordnungsmäßig einberufenen und geleiteten Sitzung beraten und beschließen. Hierzu müssen die Voraussetzungen von § 34 Abs. 1 GemO erfüllt sein. Danach beruft der Bürgermeister den Gemeinderat schriftlich oder elektronisch mit angemessener Frist ein und teilt rechtzeitig die Verhandlungsgegenstände mit, in der Regel mindestens sieben Tage vor dem Sitzungstag. Dabei sind die für die Verhandlung erforderlichen Unterlagen beizufügen, soweit nicht das öffentliche Wohl oder berechtigte Interessen Einzelner entgegenstehen. Im vorliegenden Fall stand der Tagesordnungspunkt *„Bildung eines beschließenden Ausschusses"* schon nicht auf der Tagesordnung der öffentlichen Gemeinderatssitzung, sondern der Punkt *„Vergabe der Standplätze"*. Es fand damit hier ein unzulässiger ad-hoc-Beschluss statt. Zur Rechtswidrigkeit des Beschlusses führt genauso der Verstoß gegen das Prinzip der Öffentlichkeit gemäß § 35 GemO, da mangels vorheriger öffentlicher Bekanntmachung die Öffentlichkeit in Bezug auf diesen Tagesordnungspunkt nicht informiert und damit auch nicht eingeladen war. Hinzu kommt, dass nach § 39 Abs. 1 GemO die Bildung eines beschließenden Ausschusses nur durch eine Hauptsatzungsänderung mit vorheriger ordnungsgemäßer Einladung und nur mit qualifizierter Mehrheit erfolgen kann. Demzufolge hätten auch die Mitglieder des neuen Ausschusses erst nach der Änderung der Hauptsatzung bestellt werden dürfen. Die mündliche Einladung des Oberbürgermeisters für die erste Sitzung des neuen Ausschusses war aus genannten Gründen demzufolge ebenfalls unzulässig.

Fall 32 (Geschäftsgang im Gemeinderat – §§ 34 ff. GemO)

Aufgabentext

Bei der Wahl des neuen Stadtbaumeisters der Großen Kreisstadt Grünstadt sind 31 Mitglieder des Gemeinderats und der Oberbürgermeister anwesend. Im ersten Wahlgang erhält einer der vier Bewerber 16 Stimmen, der nächstfolgende Bewerber zehn Stimmen und die beiden anderen Bewerber je drei Stimmen. Der Oberbürgermeister erklärt das Wahlergebnis für eindeutig und gratuliert dem Bewerber, der 16 Stimmen auf sich vereinigen konnte. Am nächsten Tag kommen dem Oberbürgermeister Zweifel und er wendet sich mit der Bitte um gutachtliche Stellungnahme an Sie. Was werden Sie ihm antworten?

Lösungsvorschlag

Der Gemeinderat beschließt nach § 37 Abs. 5 GemO durch Abstimmungen und Wahlen. Gewählt ist nach § 37 Abs. 7 GemO, wer mehr als die Hälfte der Stimmen der anwesenden Stimmberechtigten erhalten hat. Wird eine solche Mehrheit bei der Wahl nicht erreicht, findet zwischen den beiden Bewerbern mit den meisten Stimmen eine Stichwahl statt, bei der die einfache Stimmenmehrheit entscheidet. Hier wären mehr als die Hälfte der Stimmen aber nicht 16 Stimmen, sondern 17 Stimmen gewesen. 16 Stimmen sind zwar die Hälfte der abgegebenen 32 Stimmen, aber nicht mehr als die Hälfte. Danach war der Bewerber mit 16 Stimmen nicht gewählt, sondern es hätte eine Stichwahl zwischen den beiden Bewerbern mit den meisten Stimmen, also dem Bewerber mit 16 Stimmen und dem Bewerber mit zehn Stimmen stattfinden müssen, bei der dann die einfache Stimmenmehrheit entschieden hätte.

Fall 33 (Bürgermeister, Stellung im Gemeinderat – § 43 GemO)

Aufgabentext

Die Gemeinde Braunberg hatte die neue Lautsprecheranlage für die Mehrzweckhalle nach der Vergabe- und Vertragsordnung für Bauleistungen (VOB) beschränkt ausgeschrieben. Es waren fünf ausgewählte leistungsfähige Fachfirmen zur Angebotsabgabe aufgefordert worden. Darunter war auch die Braunberger Firma „Soundexpert". Als günstigstes Angebot hatte sich aber das Angebot eines Unternehmens aus München erwiesen. Trotzdem hatte der Gemeinderat in öffentlicher Sitzung den Auftrag gegen die Stimme des Bürgermeisters an das örtliche Unternehmen „Soundexpert" vergeben. Zur Begründung hatten verschiedene Gemeinderäte darauf verwiesen, dass bei 50000,00 Euro Auftragssumme ein Preisunterschied von gerade mal 5 % nicht entscheidend sein könne. Die ortsansässige Firma „Soundexpert" zahle schließlich auch Gewerbesteuer und biete Arbeits- und Ausbildungsplätze. Der Bürgermeister bittet Sie um Rat.

Lösungsvorschlag

Wenn sich ein öffentlicher Auftraggeber zu einer beschränkten Ausschreibung nach der VOB entschließt, ist dieser Entscheidung immanent, dass als Ergebnis der Submission alleine der Preis zu werten ist. Denn bei der Auswahl der gewünschten Bieter war die Leistungsfähigkeit, Bonität usw. bereits zu prüfen gewesen. Demzufolge hat der Gemeinderat hier eine der VOB entgegenstehende Entscheidung getroffen, die rechtswidrig ist. Der Bürgermeister muss nach § 43 Abs. 2 GemO Beschlüssen des Gemeinderats widersprechen, wenn er der Auffassung ist, dass sie gesetzwidrig sind. Dies ist hier offensichtlich der Fall. Der Widerspruch muss unverzüglich, spätestens jedoch binnen einer Woche nach Beschlussfassung, gegenüber den Gemeinderäten ausgesprochen werden. Der Widerspruch hat aufschiebende Wirkung. Gleichzeitig ist unter Angabe der Widerspruchsgründe eine Sitzung einzuberufen, in der erneut über die Angelegenheit zu beschließen ist. Diese Sitzung hat spätestens drei Wochen nach der ersten Sitzung stattzufinden. Ist nach Ansicht des Bürgermeisters auch der neue Beschluss gesetzwidrig, muss er ihm erneut widersprechen und unverzüglich die Entscheidung der Rechtsaufsichtsbehörde herbeiführen.

Fall 34 (Bürgermeister, Leitung der Gemeindeverwaltung – § 44 GemO)

Aufgabentext

Der für seine forschen Umgangsformen bekannte Blauholzer Bürgermeister hat Ärger mit seinem Leiter der Kämmerei, nachdem dieser ihm mehrfach bei Gemeinderatssitzungen offen widersprochen hatte. Der Streit eskalierte in der Gemeinderatssitzung vom 16.10.2017. Während dieser Sitzung hatte der Kämmerer dem Bürgermeister „mangelnden Sparwillen" vorgeworfen. Dem Bürgermeister gehe es nur um seine „Prestigeprojekte", die finanzielle Entwicklung der Gemeinde sei ihm dagegen egal. In der Folge hatte der Bürgermeister den in Besoldungsgruppe A 12 eingruppierten Kämmerer mit schriftlicher Verfügung vom 17.10.2017 mit sofortiger Wirkung mit der Leitung des Hauptamts beauftragt. Der ebenfalls in Besoldungsgruppe A 12 eingruppierte bisherige Leiter des Hauptamts wurde mit weiterer Verfügung des Bürgermeisters vom selben Tag mit der Leitung der Kämmerei beauftragt. Die Gemeinderatsmitglieder aller drei Fraktionen im Blauholzer Gemeinderat hatten dann in der öffentlichen Sitzung des Gemeinderats am 23.10.2017 diese Entscheidung empört gerügt und alle gemeinsam betont, dass der Bürgermeister hier am eindeutig zuständigen Gemeinderat vorbei seine Kompetenzen maßlos überschritten habe. Die Lokalzeitung „Turmbote" berichtete über die Sitzung mit Aufmacher unter der Überschrift „Aufschrei im Blauholzer Gemeinderat". Ein angefügter Kommentar des Lokalredakteurs lautete auf „Der Diktator vom Blauholzer Rathaus". Bitte beurteilen Sie die Vorgänge gutachtlich.

Lösungsvorschlag

Nach § 44 Abs. 2 Satz 1 GemO leitet der Bürgermeister die Gemeindeverwaltung. Er regelt hierzu nach § 44 Abs. 2 Satz 2 GemO u. a. die innere Organisation der Gemeindeverwaltung. Dagegen entscheidet der Gemeinderat gemäß § 24 Abs. 2 GemO im Einvernehmen mit dem Bürgermeister über die Ernennung, Einstellung und Entlassung der Gemeindebediensteten. Hier waren die Personalentscheidungen eindeutig als Regelungen der inneren Organisation der Gemeindeverwaltung zu betrachten. Es ist nämlich keinerlei Ernennung, Einstellung oder Entlassung von Bediensteten der Gemeinde erfolgt. Damit war der Bürgermeister zuständig und nicht der Gemeinderat.

Fall 35 (Bürgermeister, Wahlgrundsätze – § 45 GemO)

Aufgabentext

In einer Gemeinde hatten sich vier Bewerber um die neu zu besetzende Stelle des Bürgermeisters beworben. An der Wahl nahmen 1352 der 2306 Wahlberechtigten teil. Der Bewerber mit der höchsten Stimmenzahl hatte 30 % der abgegebenen Stimmen erhalten, die anderen Bewerber jeweils zwischen 20 % und 25 %. Der Vorsitzende des Gemeindewahlausschuss hatte dann am Wahlabend festgestellt, dass am zweiten Sonntag nach der ersten Wahl eine Neuwahl stattfindet, da keiner der Bewerber mehr als die Hälfte der gültigen Stimmen erhalten hat. Der 25-jährige Michael Mutig überlegt sich eine Kandidatur für diese Neuwahl. Da er aber am ersten Wahlgang gar nicht teilgenommen hatte, ist er sich nicht sicher, ob eine Kandidatur zulässig wäre und möchte Ihre Meinung hierzu wissen. Was werden Sie ihm anraten?

Lösungsvorschlag

Nach § 45 Abs. 2 GemO wird der Bürgermeister von den Bürgern in allgemeiner, unmittelbarer, freier, gleicher und geheimer Wahl gewählt. Die Wahl ist nach den Grundsätzen der Mehrheitswahl durchzuführen. Gewählt ist, wer mehr als die Hälfte der gültigen Stimmen erhalten hat. Wenn auf keinen Bewerber mehr als die Hälfte der gültigen Stimmen entfällt, findet gemäß § 45 Abs. 2 frühestens am zweiten und spätestens am vierten Sonntag nach der Wahl eine Neuwahl statt. Für die Neuwahl gelten die Grundsätze der ersten Wahl. Es entscheidet die höchste Stimmenzahl und bei Stimmengleichheit das Los. Eine nochmalige Stellenausschreibung ist nicht erforderlich. Demzufolge können an der Neuwahl alle Kandidaten des ersten Wahlgangs nochmals antreten. Es ist aber auch einem Bewerber möglich, der an der ersten Wahl nicht kandidiert hat, sofern er die erforderlichen Voraussetzungen erfüllt, an der Neuwahl teilzunehmen. Insofern unterscheidet sich die Regelung in Baden-Württemberg ganz erheblich von der Regelung in den anderen Bundesländern, wo meist eine Stichwahl zwischen den beiden Bewerbern mit der höchsten Stimmenzahl im ersten Wahlgang stattfindet.

Fall 36 (Verwaltungsgemeinschaft – §§ 59 ff. GemO)

Aufgabentext

Die Gemeinde Blauberg (4000 Einwohner) ist Mitglied einer vereinbarten Verwaltungsgemeinschaft mit den Gemeinden Gelbdorf (2000 Einwohner) und Rotberg (2000 Ein-

wohner) sowie der Großen Kreisstadt Grünstadt (28000 Einwohner). Die Große Kreisstadt Grünstadt ist dabei erfüllende Gemeinde. Der gemeinsame Ausschuss hat 20 Mitglieder, davon stehen der Großen Kreisstadt Grünstadt aufgrund der Begrenzungsregelung des § 60 Abs. 4 Satz 3 Gemeindeordnung (GemO) auf max. 60 vom Hundert insgesamt 12 Vertreter zu, der Gemeinde Blauberg vier Vertreter, der Gemeinde Gelbdorf zwei Vertreter und der Gemeinde Rotberg ebenfalls zwei Vertreter. Der Gemeinderat von Blauberg möchte einen Freizeitpark ansiedeln, allerdings sieht der Flächennutzungsplan bisher dafür keine Flächen auf dem Gemeindegebiet vor. Den Antrag der Gemeinde Blauberg auf entsprechende Fortschreibung des Flächennutzungsplans hat der gemeinsame Ausschuss mit den 12 Stimmen der Großen Kreisstadt Grünstadt abgelehnt, alle anderen acht Vertreter hatten den Antrag befürwortet. Der Bürgermeister von Blauberg bittet Sie um gutachtliche Bewertung und um einen Rat, wie die Gemeinde ihr Anliegen weiterverfolgen kann.

Lösungsvorschlag

Bei der vereinbarten Verwaltungsgemeinschaft ist gemäß § 60 Abs. 4 GemO zwingend ein gemeinsamer Ausschuss aus Vertretern der beteiligten Gemeinden zu bilden. Dieser gemeinsame Ausschuss entscheidet gemäß § 61 Abs. 4 GemO anstelle des Gemeinderats der erfüllenden Gemeinde über die Erfüllungsaufgaben. Dies sind insbesondere die Aufgaben der vorbereitenden Bauleitplanung, also die gemeinsame „Flächennutzungsplanung" der Kommunen, die der vereinbarten Verwaltungsgemeinschaft angehören. Der hier im Aufgabentext geschilderte Sachverhalt fällt unter diese Regelung. Nach § 60 Abs. 5 GemO kann eine beteiligte Gemeinde der vereinbarten Verwaltungsgemeinschaft innerhalb von zwei Wochen gegen Beschlüsse des gemeinsamen Ausschusses Einspruch einlegen, wenn der Beschluss für sie von besonderer Wichtigkeit oder erheblicher wirtschaftlicher Bedeutung ist. Diese Voraussetzungen sind hier laut Aufgabentext gegeben. Ein solcher Einspruch hat aufschiebende Wirkung und der gemeinsame Ausschuss muss darüber erneut beschließen. Ein solcher Einspruch ist dann zurückgewiesen, wenn der neue Beschluss des gemeinsamen Ausschusses mit einer Mehrheit von zwei Dritteln der Stimmen der vertretenen Gemeinden gefasst wird. Dieses Vorgehen wäre dem Bürgermeister von Blauberg anzuraten. Da eine Kommune nicht mehr als 60 % der Stimmen im gemeinsamen Ausschuss haben darf, können die anderen Mitglieder der vereinbarten Verwaltungsgemeinschaft sich bei gemeinsamen Handeln gegen die erfüllende Stadt Grünstadt durchsetzen.

Fall 37 (Besondere Verwaltungsformen – Bürgermeister in mehreren Gemeinden – § 63 GemO)

Aufgabentext

a) *Bürgermeister Gscheidle ist seit Jahren hauptamtlicher Bürgermeister der Gemeinde Talhausen mit derzeit 1800 Einwohnern. Nun ist die Stelle des ehrenamtlichen Bürgermeisters der 10 km entfernten Gemeinde Bergdorf mit 500 Einwohnern ausgeschrieben. Bergdorf grenzt nicht direkt an Talhausen an, sondern wird durch einen Teil der Markung einer anderen Gemeinde von Talhausen getrennt. Gscheidle überlegt nun, ob er zusätzlich zu seiner hauptamtlichen Bürgermeistertätigkeit sich um dieses Amt in Bergdorf bewerben kann oder soll.*

Was würden Sie ihm anraten:

Kann er sich bewerben?

Braucht er, falls er gewählt wird, irgendwelche Genehmigungen hierzu?

Welche Auswirkungen hätte eine Kandidatur auf sein Gehalt?

b) *Direkt an Bergdorf grenzt auch die kreisfreie Stadt Heilenbronn (Stadtkreis gemäß § 3 Abs. 1 GemO). Der dortige Oberbürgermeister überlegt sich ebenfalls, für das ehrenamtliche Bürgermeisteramt in Bergdorf zu kandidieren.*

Was würden Sie ihm anraten?

Lösungsvorschlag

Zu a)

Grundsätzlich kann sich jedermann, der die persönlichen Voraussetzungen erfüllt, um ein öffentliches Amt bewerben. Die Frage ist, wenn er gewählt wird, ob er das Amt annehmen darf bzw. kann, oder ob er andere Ämter dafür aufgeben muss. In unserem Fall handelt es sich um die besondere Verwaltungsform des Bürgermeisters in mehreren Gemeinden (§ 63 GemO). Nach § 63 GemO sind im Wesentlichen zwei Voraussetzungen erforderlich, es muss sich um kreisangehörige Gemeinden handeln und sie müssen benachbart sein. Aus dem Aufgabentext geht hervor, dass es sich bei beiden Gemeinden um kleinere Gemeinden, also um kreisangehörige Gemeinden, handelt. Auch das Merkmal der „Nachbarschaft" ist wohl erfüllt, da benachbart nicht zwingend bedeutet, direkt zusammenliegend. Bürgermeister Gscheidle kann sich also nicht nur bewerben, sondern bei einer Wahl kann er nach den Vorschriften des § 63 GemO auch Bürgermeister in mehreren Gemeinden sein. Nach der Aufgabenstellung handelt es sich bei der Gemeinde Bergdorf um eine Gemeinde, wo der Bürgermeister noch ehrenamtlich tätig ist. Zur Übernahme eines Ehrenamtes braucht Bürgermeister *Gscheidle* keine Genehmigung. Anders würde sich dies verhalten, wenn es sich um eine hauptamtliche Stelle handeln würde. Hierzu wäre eine Genehmigung bzw. Anordnung der Rechtsaufsichtsbehörde (§ 40 Abs. 4 Landesbeamtengesetz i. V. m. § 134 Nr. 4 LBG) erforderlich. Da es sich hier um eine ehrenamtliche zusätzliche Bürgermeisterstelle handelt, wird Herr *Gscheidle* für diese Tätigkeit eine Aufwandsentschädigung erhalten. Diese richtet sich nach den Richtlinien für ehrenamtliche Bürgermeister und Ortsvorsteher. Hätte es sich um eine hauptamtliche weitere Bürgermeisterstelle gehandelt, so wären die Einwohnerzahlen zusammenzuzählen und dann eine Neuzuordnung des Gehaltes innerhalb der Landeskommunalbesoldungsverordnung vorzunehmen.

Zu b)

Die Anforderungen zur Ausübung eines Bürgermeisteramts in mehreren Gemeinden wurden bereits unter a) abgehandelt. Aus dem Aufgabentext geht hervor, dass es sich bei einer der beiden Gemeinden um eine kreisfreie Stadt handelt. Da das Merkmal „kreisangehörig“ unabdingbar in § 63 GemO festgeschrieben ist, kann zwar der Oberbürgermeister kandidieren, er könnte auch gewählt werden, er könnte aber beide Ämter nicht gleichzeitig ausüben.

Fall 38 (Ortschaftsverfassung – §§ 67 ff. GemO)

Aufgabentext

a) *Nachdem die Gemeinde Goldhausen zum 1.1.1975 in die Große Kreisstadt Grünstadt eingegliedert wurde, war im Eingliederungsvertrag bestimmt worden, die bestehende Grundschule in Goldhausen so lange wie möglich zu erhalten. Auf die Tagesordnung der öffentlichen Sitzung des Gemeinderats von Grünstadt am 11.9.2017 wurde u. a. der Verhandlungsgegenstand „Schließung der Grundschule in der Ortschaft Goldhausen“ aufgenommen. Neben dem Oberbürgermeister waren alle 32 Gemeinderatsmitglieder in der Sitzung anwesend. Bei der Beratung der beabsichtigten Schließung der Grundschule wurde heftig diskutiert. Bei der Beschlussfassung hatten dann der Oberbürgermeister und 26 Stadträte für die Schließung gestimmt, die sechs Stadträte aus der Ortschaft Goldhausen stimmten dagegen. Nach der Beschlussfassung des Gemeinderats leitete der Oberbürger-*

meister das Protokoll über die Beratung mit der Bitte um Zustimmung an den Ortschaftsrat von Goldhausen. Der Ortsvorsteher von Goldhausen bittet Sie um gutachtliche Stellungnahme zu dem Vorgang.

b) Der Ortschaftsrat von Goldhausen hatte die Bitte um Zustimmung zur Schließung entrüstet abgelehnt und sich beim Oberbürgermeister massiv über die geplante Schließung der Grundschule beschwert. Der Oberbürgermeister hatte dann am 25.9.2017 die Mitglieder des Ortschaftsrats von Goldhausen zu einer nichtöffentlichen Sitzung des Ortschaftsrats einberufen. Erschienen waren alle zehn Ortschaftsräte, darunter auch der Ortsvorsteher. Der Oberbürgermeister eröffnete und leitete die Sitzung des Ortschaftsrats. Bei der sehr emotional geführten Beratung verlas der Ortsvorsteher eine längere Erklärung zu dieser Thematik. Anschließend stimmten alle zehn Ortschaftsräte gegen die geplante Schließung der Grundschule. Lediglich der Oberbürgermeister stimmte dafür. In die Niederschrift über diese Sitzung wurde das Abstimmungsergebnis mit zehn Nein- und einer Ja-Stimme aufgenommen. Beurteilen Sie auch diese Vorgänge gutachtlich in kommunalrechtlicher Hinsicht.

Lösungsvorschlag

Zu a)

Nach § 70 Abs. 1 Gemeindeordnung (GemO) ist der Ortschaftsrat zu wichtigen Angelegenheiten, die die Ortschaft betreffen, zu hören. Wichtige Angelegenheiten sind solche, die erhebliche Auswirkungen auf das örtliche Gemeinschaftsleben haben und für die Ortschaft von besonderer Bedeutung sind. Vor diesem Hintergrund ist die Schließung einer Grundschule als Infrastruktureinrichtung für eine Ortschaft mit Sicherheit eine wichtige Angelegenheit. Somit hätte im konkreten Fall der Ortschaftsrat angehört werden müssen. Diese Anhörung muss allerdings rechtzeitig vor der Entscheidung des Gemeinderats erfolgen, denn das Ergebnis der Anhörung des Ortschaftsrats muss zwingend dem zur Entscheidung berufenen Gemeinderat so rechtzeitig bekannt gemacht werden, dass es in die noch zu erfolgende Willensbildung des Gemeinderats mit einfließen kann. Eine nur nachträgliche Anhörung kann dagegen diese erforderliche Qualität nicht haben.

Ergebnis: Da die zwingend erforderliche vorherige Anhörung des Ortschaftsrats nicht erfolgt ist, ist der Gemeinderatsbeschluss rechtswidrig.

Zu b)

Gemäß § 72 GemO finden die Vorschriften des 2. und 3. Abschnitts des Zweiten Teils der GemO auf den Ortschaftsrat und auf den Ortsvorsteher Anwendung, soweit nichts anderes in den §§ 67–71 GemO bestimmt, bzw. nicht in § 72 GemO selbst etwas anderes geregelt ist. Der Ortsvorsteher ist nach § 69 Abs. 3 GemO Vorsitzender des Ortschaftsrats. Damit obliegt ihm nach § 72 i. V. m. § 34 GemO das alleinige Recht, Sitzungen des Ortschaftsrats einzuberufen und zu leiten.

In Verbindung mit § 72 GemO finden auch die Vorschriften von § 37 GemO Anwendung. Gemäß § 37 Abs. 1 GemO kann aber nur in einer ordnungsgemäß einberufenen und geleiteten Sitzung beraten und beschlossen werden. Demzufolge ist hier festzustellen, dass schon die Einladung zur Sitzung des Ortschaftsrats nicht den Erfordernissen entsprach, da alleine der Ortsvorsteher zu der Sitzung einladen konnte, nicht aber der Bürgermeister. Der Oberbürgermeister hat nach § 69 Abs. 4 GemO nämlich lediglich den Anspruch, dass ihm bei Teilnahme an Sitzungen des Ortschaftsrats vom Ortsvorsteher auf Verlangen jederzeit das Wort zu erteilen ist. Darüber hinaus kann dem Oberbürgermeister schon deshalb kein Stimmrecht im Ortschaftsrat zustehen, weil er nicht gewähltes Mitglied des direkt von der Bevölkerung gewählten und damit demokratisch legitimierten Ortschaftsrats ist.

Ergebnis: Damit war hier die Einladung zur Sitzung durch den Oberbürgermeister ebenso rechtswidrig wie die Sitzungsleitung durch den Oberbürgermeister sowie die Beteiligung des Oberbürgermeisters an der Abstimmung.

Fall 39 (Ortsvorsteher – § 71 GemO)

Aufgabentext

Der bisherige ehrenamtliche Ortsvorsteher des Ortsteils Niederdorf der Großen Kreisstadt Grünstadt ist verstorben. In der nachfolgenden Sitzung des Ortschaftsrats ist der Grünstadter Oberbürgermeister zugegen und spricht vor Eintritt in die Tagesordnung Gedenkworte zu Ehren des verstorbenen Ortsvorstehers. Auf Bitten des Gremiums und mit Zustimmung des stellvertretenden Ortsvorstehers, Ortschaftsrat Franz Kluge, übernahm dann der Oberbürgermeister die Leitung der öffentlichen Sitzung des Ortschaftsrats und erläuterte zunächst das unter Tagesordnungspunkt 1 der Sitzung aufgeführte weitere Vorgehen zur Neubesetzung der Stelle des ehrenamtlichen Ortsvorstehers des Ortsteils Niederdorf. Es sei vorgesehen, den neuen Ortsvorsteher in der Sitzung des Gemeinderats der Stadt Grünstadt am Donnerstag, den 6.11.2017, zu wählen. Der Ort-

schaftsrat könne hierzu jetzt Personalvorschläge machen. Ortschaftsrat Karl Eißen hatte sich dann zu Wort gemeldet und als ehrenamtlichen Ortsvorsteher den derzeitigen Vorsitzenden des Jugendgemeinderats der Stadt Grünstadt Willi Pfiffig, vorgeschlagen. Dieser wohne schon seit Jahren in der Ortschaft Niederdorf und habe als Vorsitzender des Jugendgemeinderats gezeigt, wie man dem Oberbürgermeister und dem Gemeinderat auch mal „Paroli bietet" und nicht nur alles, was vom Rathaus in Grünstadt kommt, nur „abnickt". Daraufhin hatte der Oberbürgermeister darauf verwiesen, dass auch ein ehrenamtlicher Ortsvorsteher die Altersgrenze von § 46 GemO erfüllen müsse. Danach müsse ein Bewerber am Wahltag u. a. das 25. Lebensjahr vollendet haben. Willi Pfiffig sei aber erst 17 Jahre alt, und werde erst am 2.11.2017 das 18. Lebensjahr vollenden. Außerdem sei Willi Pfiffig auch nicht Mitglied des Ortschaftsrats, deshalb und eben weil er jung ist, komme er von vorneherein nicht als Ortsvorsteher in Frage. Nachdem daraufhin Tumulte im Zuhörerbereich ausgebrochen waren, hatte der Oberbürgermeister die Sitzung für zunächst 20 Minuten unterbrochen. Der in der Sitzung anwesende Lokaljournalist vom „Turmboten" hat davon Kenntnis, dass Sie Student an der Hochschule für öffentliche Verwaltung und Finanzen sind und bittet Sie um gutachtliche fachliche Kommentierung der bisherigen Ereignisse in der Sitzung. Was werden Sie ihm darlegen?

Lösungsvorschlag

Nach § 72 GemO finden, soweit in den §§ 67–71 GemO nichts Abweichendes bestimmt ist, die Vorschriften des 2. und 3. Abschnitts des Zweiten Teils (dies sind die §§ 24–55 GemO) und § 126 GemO auf den Ortschaftsrat und Ortsvorsteher entsprechende Anwendung (mit einigen in § 72 GermO unter Nr. 1–5 aufgeführten Ausnahmen). Nach § 69 Abs. 3 GemO ist der Ortsvorsteher Vorsitzender des Ortschaftsrats. Damit leitet er die Sitzungen dieses Gremiums. Nach § 69 Abs. 4 GemO kann der Oberbürgermeister zwar an der Sitzung des Ortschaftsrats teilnehmen, und ihm ist vom Vorsitzenden auf Verlangen jederzeit das Wort zu erteilen. Keineswegs aber kann der Oberbürgermeister, wie hier im Fall dargelegt, die Sitzungen des Ortschaftsrats leiten. Dies ist allein Sache des Ortsvorstehers bzw. seines Stellvertreters. (Anmerkung ohne Bewertung: Nach der Regelung in § 71 Abs. 1 Satz 6 GemO *„nimmt das an Lebensjahren älteste Mitglied des Ortschaftsrats die Aufgaben des Ortsvorstehers wahr, wenn nicht der Ortsvorsteher nach Freiwerden seiner Stelle die Geschäfte in entsprechender Anwendung des Paragrafen 42 Abs. 5 GemO weiterführt"*. Diese Regelung gilt allerdings nur bei der regulären Neubesetzung der Ortsvorsteherstelle anlässlich der Kommunalwahl.) Im vorliegenden Fall war der Ortsvorsteher verstorben, und es gibt nominell mit Ortschaftsrat *Franz Kluge* bereits einen stellvertretenden Ortsvorsteher, wie sich aus dem Sachverhalt ergibt. In diesem Fall hätte also der stellvertretende Ortsvorsteher die Sitzungsleitung übernehmen müssen. Nach dem gemäß § 72 GemO anzuwendenden § 37 Abs. 1 GemO kann das Gremium nur in einer ordnungsmäßig einberufenen und geleiteten Sitzung beraten und beschließen. Da, wie bereits ausgeführt, die Sitzung nicht ordnungsgemäß geleitet wurde, konnten auch keine rechtmäßigen Beschlüsse gefasst werden. Nach der Regelung des § 72 Nr. 3 GemO gelten die Altersgrenzen nach § 46 Abs. 1 GemO (also diejenigen für den Bürgermeister) nicht für Ortsvorsteher. Es genügt also, wenn der Ortsvorsteher das für die passive Wahlberechtigung notwendige Lebensalter von 18 Jahren erreicht hat. In Anwendung der in § 46 Abs. 1 GemO ausdrücklich enthaltenen Grundsätze, die über die Regelung in § 72 GemO anzuwenden sind, ist dabei das Lebensalter am eigentlichen Wahltag entscheidend. Gewählt wird der ehrenamtliche Ortsvorsteher nicht vom Ortschaftsrat, sondern nach § 71 Abs. 1 GemO vom Gemeinderat. Dem Ortschaftsrat steht lediglich ein Vorschlagsrecht zu. Eigentlicher Wahltag für den ehrenamtlichen Ortsvorsteher im Gemeinderat ist also nach der Sachverhaltsschilderung der 6.11.2017, an diesem Tag hat aber der vorgeschlagene Bewerber *Willi Pfiffig* das 18. Lebensjahr erreicht (18. Geburtstag am 2.11.2017). Gemäß der Regelung in § 71 Abs. 1 GemO wird der Ortsvorsteher vom Gemeinderat auf Vorschlag des Ortschaftsrats aus dem Kreis der zum Ortschaftsrat wählbaren Bürger gewählt. Damit hat der Gesetzgeber eine bewusste Entscheidung dahingehend getroffen, dass ein Ortsvorsteher nicht gleichzeitig Mitglied des Ortschaftsrats sein muss. Es genügt vielmehr, wenn er zum Kreis der wählbaren Bürger gehört. Hierzu ist es erforderlich, dass er nach den Anforderungen des § 28 Abs. 1 GemO 18 Jahre alt ist und im Übrigen die Anforderungen für das Bürgerrecht gemäß § 12 GemO erfüllt. Davon ist nach dem Sachverhalt wohl auszugehen, insbesondere auch davon, dass der vorgeschlagene Bewerber *Willi Pfiffig* in der Ortschaft Niederdorf seit drei Monaten seinen Hauptwohnsitz hat. Nach alledem kann der Ortschaftsrat den Bewerber *Willi Pfiffig* zur Wahl im Gemeinderat vorschlagen.

Fall 40 (Ortsvorsteher – § 71 GemO)

Aufgabentext

Anton Schluckspecht ist Ortsvorsteher der Ortschaft Bergweiler. Bereits zum dritten Mal wurde ihm nun vor wenigen Tagen wegen einer Trunkenheitsfahrt die Fahrerlaubnis entzogen. Mehrere Ortschaftsräte wenden sich an den Bürgermeister der Gemeinde Hohenweiler, zu der Bergweiler gehört, weil sie Sorge um das Wohl der Ortschaft haben.

Insbesondere ist ihrer Meinung nach das Benehmen des Ortsvorstehers mit seinem Amt nicht mehr vereinbar. Daraufhin beruft der Bürgermeister eine nichtöffentliche Sitzung des Ortschaftsrats ein. Die Sitzung wird vom Bürgermeister geleitet, einziges Thema ist die Frage, was man in Sachen Anton Schluckspecht tun könne. Nach einer längeren hitzigen Debatte beschließen die Ortschaftsräte, Anton Schluckspecht ab sofort vom Dienst zu suspendieren. Der Ortsvorsteher ist damit gar nicht einverstanden und wendet sich an Sie, welche Rechtsauskunft geben Sie ihm?

Lösungsvorschlag:

Nach § 69 GemO kann der Bürgermeister zwar an den Sitzungen des Ortschaftsrats mit beratender Stimme teilnehmen und es steht ihm auch ein Rederecht gemäß § 69 GemO zu. Er kann jedoch keine Sitzung des Ortschaftsrats, dessen Vorsitzender nicht er ist, sondern der Ortsvorsteher, einberufen. Ob die Sitzung in diesem Fall nichtöffentlich oder öffentlich gehandhabt werden musste, müsste im Einzelfall beurteilt werden (mögliche vorherige Berichterstattung in der Zeitung und Ähnliches). Dies spielt jedoch im gegebenen Fall keine Rolle, da schon die Einberufung der Sitzung rechtwidrig war, genauso die Leitung der Sitzung und damit auch das Ergebnis.

Fall 41 (Ortsvorsteher – § 71 GemO)

Aufgabentext

Ortsvorsteher Müller hatte den Tagesordnungspunkt „Vorschlag an den Gemeinderat zur Planung eines neuen Wohngebiets" auf der Tagesordnung der letzten Sitzung des Ortschaftsrats. Nach dem Sachvortrag des Ortsvorstehers meldete sich der Bürgermeister zu Wort und forderte, dass dieser Vorschlag des Ortschaftsrats nicht beschlossen wird. Ortsvorsteher Willi Müller beeindruckte dies nicht, bei der Abstimmung über den Vorschlag stimmten alle Mitglieder des Ortschaftsrats der Planung zu. Am nächsten Vormittag erhielt Ortsvorsteher Müller vom Bürgermeister ein Schreiben, in dem dieser ihn anweist, den Vorschlag des Ortschaftsrats nicht an ihn zu übersenden. Der Bürgermeister bezieht sich dabei auf sein Weisungsrecht gegenüber dem Ortsvorsteher. Ortsvorsteher Willi Müller wendet sich an Sie, was raten Sie ihm?

Lösungsvorschlag

Nach § 69 Abs. 3 GemO ist der Ortsvorsteher Vorsitzender des Ortschaftsrats. Der Ortschaftsrat als solches ist ein demokratisch gewähltes und legitimiertes Gremium, das ehrenamtlich tätig ist. Ein Weisungsrecht des Bürgermeisters in Bezug auf die Tagesordnung der Ortschaftsratssitzungen, deren Verlauf und deren Beschlüsse ist somit schon nicht gegeben. Der Bürgermeister kann allerdings an den Sitzungen des Ortschaftsrats teilnehmen, dabei ist ihm jederzeit das Wort zu erteilen.

Fall 42 (Ortsvorsteher – § 71 GemO)

Aufgabentext

Fritz Maier ist Ortsvorsteher von Oberdorf, einem Stadtteil der Großen Kreisstadt Grünstadt. Während einer Gemeinderatssitzung geht es um einen Kindergartenneubau in einem anderen Stadtteil. Ortsvorsteher Fritz Maier meldet sich zu Wort. Der Oberbürgermeister verweigert ihm allerdings das Wort mit Hinweis darauf, dass er nur ein Beteiligungsrecht in Angelegenheiten seines Ortsteils habe. Ortsvorsteher Fritz Maier ist empört und wendet sich mit der Bitte um gutachtliche Beurteilung an Sie. Was werden Sie ihm sagen?

Lösungsvorschlag

Nach § 71 Abs. 4 GemO können Ortsvorsteher an den Verhandlungen des Gemeinderats und seiner Ausschüsse mit beratender Stimme teilnehmen. Im Gesetz findet sich dagegen keinerlei Beschränkung dieses Rechts, wie etwa auf den eigenen Ortsteil.

Fall 43 (Aufhebung der Ortschaftsverfassung – § 73 GemO)

Aufgabentext

In der Großen Kreisstadt Gelbstadt ist die Ortschaftsverfassung seit der Gemeindereform eingeführt worden. Sie wurde damals mit fünf Ortschaften im Zuge des Eingemeindungsvertrages auf unbestimmte Zeit festgeschrieben. Auf Antrag der CDU-Fraktion beschließt nun der Gemeinderat in öffentlicher Gemeinderatssitzung, die Ortschaftsverfassung in allen fünf Teilorten zum 1.1.2019 abzuschaffen. Der Beschluss kommt mit großer Mehrheit zustande. Anschließend übersendet der Oberbürgermeister den Beschluss an die Ortsvorsteher der betroffenen Ortschaften mit der Bitte um Stellungnahme. Drei der Ortschaften stimmen dem Beschluss des Gemeinderats zu. In zwei Ortschaften wird der Beschluss des Gemeinderats einstimmig abgelehnt. Was geschieht nun zum 1.1.2019, bitte nehmen Sie Stellung.

Lösungsvorschlag:

Die Vorschriften für die Aufhebung der Ortschaftsverfassung richten sich nach § 73 GemO. Nach dem vorliegenden Aufgabentext ist der Sachverhalt des § 73 Abs. 3 GemO anzuwenden. Die Ortschaftsverfassung wurde seinerzeit auf unbestimmte Zeit eingeführt. Sie kann deshalb nach § 73 Abs. 3 GemO nur durch Änderung der Hauptsatzung mit Zustimmung des Ortschaftsrats aufgehoben werden. Der Beschluss des Ortschaftsrats bedarf zudem der Mehrheit der Stimmen aller Mitglieder. In diesem Fall ist also über das übliche Informations- und Anhörungsrecht des Ortschaftsrats hinaus (siehe § 70 GemO) ein formelles Beteiligungsrecht des Ortschaftsrats vorgesehen. Ein solcher Beschluss des Ortschaftsrats muss zwingend vor einer Abstimmung im Gemeinderat stattfinden. Denn nur durch die Willensbekundung der einzelnen Ortschaftsräte kann der Gemeinderat diese Willensbekundung und Meinungsäußerung des Ortschaftsrats in seine Beschlüsse und Erörterungen mit einfließen lassen. Im vorliegenden Fall war also in allen fünf Ortschaften der Beschluss nicht in der richtigen Reihenfolge zustande gekommen und damit rechtswidrig. Zwar haben drei der Ortschaften dem Beschluss des Gemeinderats nachträglich zugestimmt, dies heilt aber nicht nachträglich die Fehlerhaftigkeit des Zustandekommens. Außerdem geht aus der Aufgabe nicht hervor, mit welcher Stimmenmehrheit dem Gemeinderatsbeschluss zugestimmt wurde. Hierzu ist nämlich die Mehrheit der Stimmen aller Mitglieder des Ortschaftsrats erforderlich. Im Übrigen ist auch die Terminfestlegung für die Aufhebung der Ortschaftsverfassung unzulässig, da gemäß § 73 Abs. 1 GemO jeweils nur zur nächsten regelmäßigen Wahl die Aufhebung der Ortschaftsverfassung durchgeführt werden kann.

Fall 44 (Rechtsaufsicht – §§ 118 ff. GemO)

Aufgabentext

Landrat Neumaier führt schon seit Jahren einen „Kleinkrieg“ mit Bürgermeister Daiber. Franz Daiber hat nämlich den Landrat in der Vergangenheit bei Kreistagssitzungen, an denen er als Kreisrat teilgenommen hat, heftig kritisiert. Nunmehr hatte sich ein Bürger der Gemeinde, in der Herr Daiber als Bürgermeister wirkt, mit seinen Beschwerden direkt an den Landrat gewandt. Der Bürger hatte beim Landrat moniert, dass folgende Beschlüsse des Gemeinderats unter der Leitung von Bürgermeister Daiber nicht in Ordnung seien:

1.) Schließung eines Abenteuerspielplatzes. Der Bürger moniert, dass diese Einrichtung für die Bevölkerung dringend notwendig sei. Der Landrat solle gegen die Schließung einschreiten.

2.) Der Gemeinderat hat die Anschaffung eines neuen Dienstwagens für den Bürgermeister beschlossen. Dies sei Steuergeldverschwendung,

3.) Der Rechnungsabschluss der Gemeinde für das Jahr 2003 sei nun im Februar 2006 immer noch nicht fertiggestellt.

4.) Der Gemeinderat habe beschlossen, künftig nur noch nichtöffentlich zu tagen.

Daraufhin verfasste der Landrat folgendes Schreiben an Bürgermeister Daiber:

a) Hiermit beanstande ich den Beschluss des Gemeinderats, den Abenteuerspielplatz zu schließen. Dieser muss offengehalten werden.

b) Hiermit beanstande ich den Beschluss des Gemeinderats, einen neuen Dienstwagen für den Bürgermeister zu erwerben.

c) Nachdem der Rechnungsabschluss 2003 noch nicht fertiggestellt ist, werde ich in der nächsten Woche zwei Beamte der Kommunalaufsicht in die Gemeinde entsenden, damit diese den Rechnungsabschluss anstelle und auf Kosten der Gemeinde fertigen.

d) Hiermit beanstande ich den Gemeinderatsbeschluss, nur noch nichtöffentlich zu tagen, da er § 35 der Gemeindeordnung widerspricht.

e) Nachdem anscheinend in Ihrer Gemeinde die Verhältnisse nicht geordnet sind, ist mir künftig jeder Gemeinderatsbeschluss unaufgefordert vorzulegen.

Als Bürgermeister Daiber dieses Schreiben erhält, wendet er sich an Sie und bittet Sie um gutachtliche Stellungnahme.

Lösungsvorschlag:

Es handelt sich im vorliegenden Fall um Angelegenheiten der Rechtsaufsicht (§§ 118 ff. GemO). Der Bürger hatte sich direkt an den Landrat gewandt. Der Landrat leitet das Landratsamt als untere Verwaltungsbehörde und ist damit als Rechtsaufsichtsbehörde gemäß § 119 der GemO tätig geworden. Gemäß § 120 der GemO kann sich die Rechtsaufsichtsbehörde *„soweit es zur Erfüllung ihrer Aufgaben erforderlich ist“* über *„einzelne Angelegenheiten der Gemeinde in geeigneter Weise unterrichten“*. Insofern war das Vorgehen der Rechtsaufsichtsbehörde nicht korrekt, da sie sich hätte zunächst informieren müssen. Zu den einzelnen Beanstandungsverfügungen des Landratsamts wäre wie folgt Stellung zu nehmen:

Zu a)

Nach § 118 Abs. 1 GemO beschränkt sich die Rechtsaufsicht in weisungsfreien Angelegenheiten darauf, die Gesetzmäßigkeit der Verwaltung sicherzustellen. Beim Betrieb eines Abenteuerspielplatzes handelt es sich zweifelsfrei um eine weisungsfreie Angelegenheit einer Gemeinde. Ein Gesetzesverstoß durch die Schließung ist nicht erkennbar. Die Beanstandungsverfügung des Landratsamts ist deshalb rechtswidrig.

Zu b)

Der Erwerb eines Dienstwagens ist ebenfalls eine weisungsfreie Angelegenheit und ein Gesetzesverstoß ist nicht erkennbar, die Beanstandung deshalb ebenfalls rechtswidrig.

Zu c)

Hier droht der Landrat die Ersatzvornahme gemäß § 123 GemO an, ohne vorher die Mittel der Aufsicht ausgeschöpft zu haben (Informationsrecht gemäß § 120 GemO und hier Anordnungsrecht gemäß § 122 GemO). Dies führt zur Rechtswidrigkeit.

Zu d)

Ein Beschluss der Gemeinde, künftig nur noch nichtöffentlich zu tagen, wäre tatsächlich rechtswidrig, da er sich gegen die geltende Norm des § 35 GemO, also gegen das Prinzip der Sitzungsöffentlichkeit, wendet. Es handelt sich dabei um keine weisungsfreie Angelegenheit der Gemeinde, sondern um eine gesetzlich normierte. Insofern ist die Beanstandungsverfügung zu Recht ergangen.

Zu e)

Wie bereits oben ausgeführt, steht der Rechtsaufsichtsbehörde ein Informationsrecht gemäß § 120 der GemO zu. Allerdings ist dieses Informationsrecht auf einzelne Angelegenheiten der Gemeinde beschränkt. Die Generalforderung nach Vorlage aller Gemeinderatsbeschlüsse ist deshalb rechtswidrig. Im Übrigen wäre eine solche Verfügung der Rechtsaufsichtsbehörde keine Beanstandungsverfügung, sondern eine Anordnungsverfügung gemäß § 122 der GemO.

Dem Bürgermeister wäre nach alledem anzuraten, gegen die Verfügungen a, b und c rechtlich vorzugehen. Nach § 125 der GemO steht der Gemeinde gegen Verfügungen auf dem Gebiet der Rechtsaufsicht nach Maßgabe des 8. Abschnitts der Verwaltungsgerichtsordnung (VwGO) eine Anfechtungs- oder Verpflichtungsklage zu. In diesem Fall würde es sich um eine Anfechtungsklage gegen die Beanstandungsverfügungen handeln. Bezüglich d) wäre dem Bürgermeister anzuraten, der Beanstandungsverfügung nachzukommen und den Gemeinderatsbeschluss aufheben zu lassen. Bezüglich e) stünde der Gemeinde ebenfalls das Recht der Anfechtungsklage gemäß § 125 GemO zu.

Fall 45 (Aufsicht – §§ 118 ff. GemO)

Aufgabentext

Der Bürgermeister der Gemeinde Blauberg ist mit einer gebürtigen Nordkoreanerin verheiratet. Aufgrund deren verwandtschaftlicher Beziehungen kam es zu einer Städtepartnerschaft der Gemeinde Blauberg mit der Gemeinde Xingjong in Nordkorea. Daraufhin hatte der Bundesaußenminister dem Bürgermeister von Blauberg eine Verfügung übersandt, nach der dieser Partnerschaftsvertrag sofort zu kündigen sei, da er gegen internationale Verpflichtungen der Bundesrepublik Deutschland verstoße. Wenn dies nicht innerhalb von vier Wochen geschehe, werde das Bundesaußenministerium den Partnerschaftsvertrag gegenüber der nordkoreanischen Gemeinde im Wege der Ersatzvornahme kündigen. Der Bürgermeister wendet sich mit der Bitte um gutachterliche Beratung an Sie, was werden Sie ihm raten?

Lösungsvorschlag

Nach § 118 GemO beschränkt sich die Aufsicht in weisungsfreien Angelegenheiten darauf, die Gesetzmäßigkeit der Verwaltung sicherzustellen, soweit gesetzlich nichts anderes bestimmt ist. Insofern spricht man von der Rechtsaufsicht. Eine Städtepartnerschaft ist eindeutig eine weisungsfreie Angelegenheit. Offensichtlich besteht aber kein rechtliches Verbot, eine Städtepartnerschaft mit einer Kommune in Nordkorea oder sonst irgendwo auf der Welt einzugehen. Damit besteht aber für rechtsaufsichtliche Maßnahmen hier kein Raum. Zudem wäre das Bundesaußenministerium jedenfalls weder die sachlich noch örtlich zuständige Behörde. Zuständig könnte nämlich hier alleine die Rechtsaufsichtsbehörde sein, dies ist nach § 119 GemO das Landratsamt als untere Verwaltungsbehörde.

Fall 46 (Aufsicht – §§ 118 ff. GemO)

Aufgabentext

Die Lokalpresse hatte einer in der Gemeinde Gelbhausen stattfindenden kommunalpolitischen Auseinandersetzung wegen der Schließung des dortigen Freibads eine umfangreiche Berichterstattung gewidmet, etliche Leserbriefe kamen hinzu. Damit entwickelte sich die Angelegenheit zu einem auch den Rest des Landkreises interessierenden Thema. Schließlich hatte dann der Landrat in seiner Eigenschaft als Leiter der Kommunalaufsicht gegenüber der Gemeinde Gelbhausen verfügt, dass das umstrittene Freibad bis auf weiteres bestehen bleiben müsse. Der Bürgermeister von Gelbhausen ist darüber maßlos verärgert und bittet Sie um gutachtliche Stellungnahme, insbesondere auch in Bezug darauf, was er gegen die Verfügung unternehmen könne.

Lösungsvorschlag

Die Aufsicht in weisungsfreien Angelegenheiten beschränkt sich nach § 118 GemO darauf, die Gesetzmäßigkeit der Verwaltung sicherzustellen, soweit gesetzlich nichts anderes bestimmt ist. Deshalb spricht man von Rechtsaufsicht. Die Erhaltung oder Schließung eines Freibades durch eine Kommune ist aber in aller Regel eine weisungsfreie Angelegenheit. Damit ist hier schon keine Zuständigkeit des Landrats als Leiter der Kommunalaufsicht gegeben. Gegen Verfügungen auf dem Gebiet der Rechtsaufsicht kann die Gemeinde gemäß der Vorschrift des § 125 GemO nach Maßgabe des 8. Abschnitts der Verwaltungsgerichtsordnung (VwGO) Anfechtungs- oder Verpflichtungsklage erheben. Dies wäre dem Bürgermeister von *Gelbhausen* hier anzuraten.

Fall 47 (Aufsicht – §§ 118 ff. GemO)

Aufgabentext

a) Völlig überraschend ist ein Schneechaos über den Landkreis Hochalb hereingebrochen. Besonders chaotische Verhältnisse herrschen in der 2000-Einwohner-Gemeinde Bergdorf. Nachdem der Landrat, dessen Wiederwahl im nächsten Frühjahr ansteht, bereits eine ganze Reihe von Telefonanrufen aus Bergdorf erhalten hat, lässt er den Leiter der Straßenmeisterei kommen und weist diesen an, sofort die innerörtlichen Straßen in Bergdorf von Schnee und Eis zu befreien. Den Einwand des Leiters der Straßenmeisterei, man sollte vielleicht vorher mit dem dortigen Bürgermeister reden, weist er mit der Bemerkung zurück, dass dieser wohl ohnehin überfordert sei und schließlich sei er als Landrat „Chef" des Bürgermeisters. Die Straßenmeisterei solle im Übrigen die entstehenden Kosten für den Einsatz in Bergdorf gut aufschreiben, da man diese Kosten der Gemeinde in Rechnung stellen werde. Als der Bürgermeister von Bergdorf die Räumfahrzeuge des Landkreises in den Ort einfahren sieht, ist er entsetzt und bittet Sie um gutachtliche Stellungnahme. Was werden Sie ihm antworten?

b) Der Rotberger Bürgermeister hat bei seiner Gemeinde private Rückstände bei Wassergebühren, Abwassergebühren und Grundsteuer in Höhe von über 1000,00 Euro. Alle Mahnungen seitens der Finanzverwaltung der Gemeinde waren ohne Reaktion des Bürgermeisters verblieben. Dem Gemeindekämmerer ist es nicht wohl bei dieser Situation. Er sieht insbesondere den „Rathausfrieden" gefährdet, wenn er gegenüber dem Bürgermeister nunmehr Pfändungsmaßnahmen oder ähnliches einleiten würde. Sie sind neuer Mitarbeiter der Gemeinde. Der Gemeindekämmerer gibt die Akte an Sie zur Bearbeitung weiter. Was werden Sie veranlassen?

Lösungsvorschlag

Zu a)

Das Landratsamt ist als untere Verwaltungsbehörde nach § 119 GemO Rechtsaufsichtsbehörde für die Gemeinden. Nicht der Landrat als Person ist also „Chef" der Bürgermeister, sondern das Landratsamt als Behörde Rechtsaufsichtsbehörde für die Gemeinden. Die Aufsicht in weisungsfreien Angelegenheiten beschränkt sich nach § 118 Abs. 1 GemO darauf, die Gesetzmäßigkeit der Verwaltung sicherzustellen, soweit gesetzlich nichts anderes bestimmt ist (Rechtsaufsicht). Nach § 118 Abs. 3 GemO ist sie zudem so auszuüben, dass die Entschlusskraft und die Verantwortungsfreudigkeit der Gemeinde nicht beeinträchtigt werden. Dabei ist seitens der Rechtsaufsichtsbehörde zunächst vom Informationsrecht des § 120 GemO Gebrauch zu machen. Danach kann sich die Rechtsaufsichtsbehörde, soweit es zur Erfüllung ihrer Aufgaben erforderlich ist, über einzelne Angelegenheiten der Gemeinde in geeigneter Weise unterrichten. Dies aber ist im vorliegenden Fall schon gar nicht erfolgt. In der Folge kann die Rechtsaufsichtsbehörde gemäß den §§ 121 bzw.122 GemO bei vorliegender Gesetzesverletzung das Beanstandungsrecht bzw. das Anordnungsrecht ausüben. Bei einer hier unterstellten Verletzung der gesetzlichen Verkehrssicherungspflichten wäre also nach erfolgter Information und nach festgestelltem Gesetzesverstoß eine Anordnung der Rechtsaufsichtsbehörde gemäß § 122 GemO zur Erfüllung dieser Pflichten der Gemeinde binnen angemessener Frist erforderlich gewesen. Erst wenn die Gemeinde einer Anordnung der Rechtsaufsichtsbehörde nach §§ 120–122 GemO nicht innerhalb der bestimmten Frist nachkommt, kann dann die Rechtsaufsichtsbehörde die Anordnung anstelle und auf Kosten der Gemeinde selbst durchführen oder die Durchführung einem Dritten übertragen (Ersatzvornahme gemäß § 123 GemO). Da im vorliegenden Sachverhalt das Handeln des Landrats als Ersatzvornahme zu werten ist, hätten zur Rechtmäßigkeit hierfür die notwendigen Voraussetzungen vorliegen müssen. Weder lag aber die Wahrnehmung des Informationsrechts nach § 120 GemO vor noch eine Anordnung unter angemessener Fristsetzung gemäß § 122 GemO. Die durchgeführte „Ersatzvornahme" war deshalb rechtswidrig, da die Gemeinde einer Anordnung nicht innerhalb der bestimmten Frist nachkommen konnte, da weder eine Anordnung noch eine Frist vorhanden waren. Dem Bürgermeister wäre danach anzuraten, von seinem Rechtsschutzanspruch in Angelegenheiten der Rechtsaufsicht nach § 125 GemO Gebrauch zu machen.

Zu b)

Nach § 126 GemO werden Ansprüche der Gemeinde gegen Gemeinderäte und gegen den Bürgermeister von der Rechtsaufsichtsbehörde geltend gemacht. Damit soll von vornherein Interessenkonflikten entgegengewirkt werden. Hier wäre also die Weitergabe der Angelegenheit an die Rechtsaufsichtsbehörde der richtige Weg.

Fall 48 (Vorzeitige Beendigung der Amtszeit des Bürgermeisters – § 128 GemO)

Aufgabentext

Bürgermeister Hämmerle ist für seine rüden Umgangsformen bekannt. Es kommt schon einmal vor, dass er seinen Stadtkämmerer oder seinen Stadtbaumeister vor versammelter „Mannschaft" anbrüllt. Kürzlich hat er im Gemeinderat seinen Stellvertreter einen „Vollidioten" geheißen. Gleichwohl ist er in der Bevölkerung relativ populär und hat die letzte Bürgermeisterwahl deutlich gewonnen. Als er in der letzten Gemeinderatssitzung gegen einen mit großer Mehrheit gefassten Gemeinderatsbeschluss Widerspruch eingelegt hat, ist für Gemeinderat Lustig der Rahmen des Erträglichen gesprengt. Er wendet sich zusammen mit anderen Gemeinderäten an den Landrat und fordert, „den Bürgermeister abzusetzen". Er begründet dies damit, dass es immer wieder zu Kontroversen in der Verwaltung komme und dass der Bürgermeister einen rüden Umgangston pflege. Der Landrat ist noch neu im Amt und wendet sich an Sie mit der Bitte um gutachtliche Stellungnahme.

Lösungsvorschlag

Die Gemeinderäte fordern vom Landrat offenkundig die Absetzung des Bürgermeisters. Im Gegensatz zu anderen Kommunalverfassungen in Deutschland kennt die baden-württembergische Gemeindeordnung aber ein Abwahlverfahren oder Ähnliches für einen vom Volk gewählten Bürgermeister nicht. Dagegen gibt es die Vorschrift des § 128

GemO über die vorzeitige Beendigung der Amtszeit des Bürgermeisters. Die Anforderungen dieser Vorschrift sind allerdings sehr hoch. Nach § 128 Abs. 1 GemO muss hierzu der Bürgermeister den Anforderungen seines Amtes nicht gerecht werden und dadurch müssen so erhebliche Missstände in der Verwaltung eintreten, dass eine Weiterführung des Amtes im öffentlichen Interesse nicht vertretbar ist. Dann kann, allerdings nur wenn andere Maßnahmen nicht ausreichen, die Amtszeit des Bürgermeisters für beendet erklärt werden. Gerade die Vorschrift des § 128 Abs. 1 GemO, dass andere Maßnahmen nicht ausreichen, spielt im vorliegenden Fall eine nicht unerhebliche Rolle. Die Rechtsaufsichtsbehörde hat nämlich verschiedene Möglichkeiten, auf die Gemeinde einzuwirken, damit wieder gesetzmäßige Zustände hergestellt werden.

Dem Landrat wäre nun Folgendes anzuraten:

Zunächst müsste er sein Informationsrecht gemäß § 120 GemO umsetzen. Das Landratsamt müsste als Rechtsaufsichtsbehörde eine umfassende Information über die Vorgänge vom Bürgermeister verlangen. Der vorliegende Fall gibt keine Anhaltspunkte darüber, ob weitere Notwendigkeiten der Rechtsaufsicht vorhanden sind. Wenn dies so wäre, müssten zunächst alle Möglichkeiten der Rechtsaufsicht (§§ 121–124 GemO) ausgeschöpft werden, bevor § 128 GemO zur Anwendung kommen könnte. Das Verfahren selbst ist kompliziert und aufwändig, die Rechtsfolgen zum Teil unbefriedigend. Die vorzeitige Beendigung der Amtszeit kann nur in einem förmlichen Verfahren erfolgen, das die obere Rechtsaufsichtsbehörde entsprechend den Vorschriften des Landesdisziplinargesetzes beim Verwaltungsgericht beantragt. Die Kosten des Verfahrens trägt die Gemeinde. Das Beamtenverhältnis des Bürgermeisters endet aber nicht mit der vorzeitigen Beendigung seiner Amtszeit. Vielmehr wird er besoldungs- und versorgungsrechtlich so gestellt, wie wenn er im Amt verblieben wäre. Er erhält allerdings keine Aufwandsentschädigung mehr und auf die Dienstbezüge werden zwei Drittel dessen angerechnet, was er durch anderweitige Verwertung seiner Arbeitskraft erwirbt oder „zu erwerben schuldhaft unterlässt". Dass es innerhalb einer Gemeindeverwaltung durchaus auch zu erheblichen Differenzen zwischen einzelnen Amtsleitern und dem Bürgermeister kommen kann, ist zudem nicht unnormal, sondern so etwas tritt gelegentlich eben auf. Die Rechtsaufsichtsbehörde wird im gegebenen Fall also zu prüfen haben, ob es dadurch zu erheblichen Missständen in der Verwaltung kommt und ob dies tatsächlich allein durch die Person des Bürgermeisters begründet ist. Allein Differenzen zwischen einzelnen Amtsleitern und dem Bürgermeister brauchen nämlich für sich noch keine erheblichen Missstände zu erzeugen, hierzu muss noch mehr kommen. Hinzu kommt, dass die Missstände tatsächlich durch die Person des Bürgermeisters herbeigeführt werden müssen. Dies wird in § 128 Abs. 1 GemO insofern betont, als es heißt: *„Wird der Bürgermeister den Anforderungen seines Amtes nicht gerecht und treten dadurch erhebliche Missstände in der Verwaltung ein, dass eine Weiterführung des Amts im öffentlichen Interesse nicht vertretbar ist ... "*. Diese Messlatte ist sehr hoch. Zu prüfen wäre bei erwiesener Unverträglichkeit des Bürgermeisters und Ähnlichem und dadurch entstehenden erheblichen Missständen auch die Entsendung eines Beauftragten gemäß § 124 der GemO.

Bezüglich des beleidigten Gemeinderats („Vollidiot") kann dieser auf den Zivil- bzw. Strafrechtsweg verwiesen werden.

Fall 49 (Fachaufsicht – § 129 GemO)

Aufgabentext

Eine Überschwemmung hatte dafür gesorgt, dass die biologische Stufe der Kläranlage in Blauholz nicht mehr funktioniert. Daraufhin hatte das Amt für Wasserwirtschaft beim Landratsamt gegenüber der Gemeinde „als Fachaufsichtsbehörde" angeordnet, innerhalb von 14 Tagen durch Ersatz der biologischen Stufe für geordnete Verhältnisse zu sorgen. Anderenfalls werde das Amt für Wasserwirtschaft im Wege der Ersatzvornahme tätig werden. Der Bürgermeister ist entsetzt und bittet Sie um Rat. Was werden Sie ihm antworten?

Lösungsvorschlag

Nach § 129 Abs. 2 GemO steht den Fachaufsichtsbehörden im Rahmen ihrer Zuständigkeit lediglich ein Informationsrecht nach den Vorschriften des § 120 GemO zu. Dagegen ist für Aufsichtsmaßnahmen nach den Vorschriften der §§ 121–124 GemO, die erforderlich sind, um die ordnungsgemäße Durchführung der Weisungsaufgaben sicherzustellen, alleine die Rechtsaufsichtsbehörde zuständig, soweit gesetzlich nichts anderes bestimmt ist. Ergebnis: Die Anordnung war rechtswidrig, der Gemeinde steht gemäß § 125 GemO der Verwaltungsrechtsweg offen.

Fall 50 (Gesetz über Kommunale Zusammenarbeit – GKZ)

Aufgabentext

Die Große Kreisstadt Grünstadt ist Mitglied eines Zweckverbands auf dem Gebiet der Wasserversorgung. In der nächsten Sitzung der Verbandsversammlung dieses Zweckverbands geht es um die Sicherung zusätzlicher Wasserbezugsrechte bei einem großen und überregional tätigen Wasserversorgungsverband. Die Verbandsversammlung des Zweckverbands besteht aus 13 Mitgliedern. Unter dem Tagesordnungspunkt „Vorbereitung der Verbandsversammlung" hatte der Gemeinderat die fünf Vertreter von Grünstadt in der Verbandsversammlung (Oberbürgermeister und vier Stadträte) angewiesen, gegen die Sicherung weiterer Bezugsrechte zu stimmen. Der Zweckverband solle sich vielmehr für die Erschließung weiterer eigener Wasserquellen im Verbandsgebiet einsetzen. In der Diskussion in der Verbandsversammlung aber hatten sich die vier Vertreter von Grünstadt aus der Mitte des Gemeinderats davon überzeugen lassen, dem Antrag des Verbandsvorsitzenden zu folgen, und der Sicherung weiterer Wasserbezugsrechte bei dem überregionalen Wasserversorgungsverband zugestimmt. Lediglich der Oberbürgermeister von Grünstadt hatte entsprechend der Weisung des Gemeinderats abgestimmt. Der Verbandsvorsitzende wertete alle 13 abgegebenen Stimmen als gültig, und stellte fest, dass damit die Abstimmung mit 12 zu 1 Stimmen für die Sicherung weiterer Wasserbezugsrechte ausgegangen sei.

Bitte nehmen Sie gutachtlich zu den Vorgängen Stellung.

Lösungsvorschlag

Nach der Vorschrift des § 13 Abs. 5 Gesetz über kommunale Zusammenarbeit (GKZ) haben Verbandsmitglieder das Recht, ihren Vertretern Weisung zu erteilen. Dies ist im vorliegenden Fall geschehen; es liegt eine klare Willensäußerung des Gemeinderats der Stadt Grünstadt und damit eine Weisung an die Vertreter der Stadt in der Verbandsversammlung vor. Grundsätzlich können die mehreren Stimmen eines Verbandsmitglieds nach § 13 Abs. 2 Satz 3 GKZ nur einheitlich abgegeben werden. Dies ist hier offensichtlich nicht der Fall gewesen. Diese uneinheitliche Stimmabgabe führt zur Ungültigkeit aller fünf abgegebenen Stimmen der Vertreter von Grünstadt, nicht aber zwangsläufig zur Rechtswidrigkeit des Beschlusses. Laut Sachverhalt ergab sich bei 13 abgegebenen Stimmen in der Verbandsversammlung nach der Wertung des Verbandsvorsitzenden ein Abstimmungsergebnis von 12 zu 1 Stimmen. Wenn man das Ergebnis um die ungültigen fünf Stimmen des Verbandsmitglieds Grünstadt bereinigt, ergibt sich ein Ergebnis von

8 zu 0 Stimmen. Damit wäre der Antrag des Verbandsvorsitzenden ebenfalls mit Stimmenmehrheit angenommen, es sei denn, es wäre nach der Verbandssatzung ein höheres Quorum nötig. Dafür aber ist dem Aufgabentext nichts zu entnehmen.

Fall 51 (Gesetz über Kommunale Zusammenarbeit - GKZ)

Aufgabentext

a) *Der Zweckverband „Oberer Grauberg“ ist für die Abwasserbeseitigung seiner Verbandsmitglieder zuständig. Neben den Großen Kreisstädten Grünstadt und Gelbstadt gehören acht weitere Gemeinden dem Zweckverband an. Laut der Verbandssatzung haben die beiden Großen Kreisstädte je fünf Vertreter in der Verbandsversammlung, die anderen Gemeinden je zwei Vertreter. Damit hat die Verbandsversammlung 26 stimmberechtigte Mitglieder. Zur Beratung und Beschlussfassung für die nächste Verbandsversammlung steht die Aufnahme der Gemeinde Unterhausen in den Zweckverband auf der Tagesordnung. In der Großen Kreisstadt Grünstadt ist die Aufnahme des weiteren Mitglieds Unterhausen sehr umstritten. Während der Oberbürgermeister von Grünstadt die Aufnahme der Gemeinde Unterhausen heftig befürwortet, spricht sich der Gemeinderat mehrheitlich dagegen aus und weist den Oberbürgermeister und die weiteren vier Mitglieder in der Verbandsversammlung an, gegen die Aufnahme der Gemeinde Unterhausen zu stimmen. In der Verbandsversammlung stimmen dann der Oberbürgermeister und zwei weitere Verbandsräte aus Grünstadt weisungsgemäß gegen die Aufnahme der Gemeinde Unterhausen, die beiden anderen Verbandsräte aus Grünstadt enthalten sich der Stimme. Zur Stimmabgabe erklären die beiden, dass sie kein imperatives Mandat hätten und nur ihrem Gewissen unterworfen wären, deshalb würden sie sich nicht als „Stimmvieh“ missbrauchen lassen und würden sich enthalten. Der Verbandsvorsitzende wertet die Stimmabgabe als drei Nein-Stimmen und zwei Enthaltungen. Bitte beurteilen Sie diesen Sachverhalt gutachtlich.*

b) *Der Bürgermeister einer der Mitgliedsgemeinden ist alleine zur Verbandsversammlung gekommen, da der zweite Vertreter der Gemeinde erkrankt war. Er stimmt für die Aufnahme der Gemeinde Unterhausen. Der Verbandsvorsitzende wertet seine Stimmabgabe als eine Ja-Stimme. Der Bürgermeister protestierte dagegen, schließlich zahle seine Gemeinde auch die Umlage in der Höhe, deshalb müssten zwei Stimmen seiner Mitgliedsgemeinde gezählt werden. Bitte beurteilen Sie diesen Sachverhalt gutachtlich.*

c) *In der Großen Kreisstadt Gelbstadt hatte der Gemeinderat seine fünf Mitglieder in der Verbandsversammlung angewiesen, gegen die Aufnahme der Gemeinde Unterhausen in den Zweckverband zu stimmen. Nach der Diskussion innerhalb der Verbandsversammlung stimmen diese allerdings geschlossen mit allen fünf Stimmen für die Aufnahme der Gemeinde Unterhausen, da sie die Argumente in der Sitzung überzeugt hätten. Der Zweckverbandsvorsitzende hatte allerdings aus der Zeitung gelesen, dass eine Weisung des Gemeinderats der Stadt Gelbstadt, mit Nein zu votieren, vorlag und erklärte die fünf abgegebenen Stimmen der Verbandsräte von Gelbstadt deshalb für ungültig. Bitte beurteilen Sie auch diesen Sachverhalt gutachtlich.*

Lösungsvorschlag

Zu a)

Der Gemeinderat von Grünstadt hat hier von seinem Recht nach § 13 Abs. 5 GKZ Gebrauch gemacht. Nach dieser Vorschrift können die Verbandsmitglieder ihren Mitgliedern Weisungen erteilen. Der Gesetzgeber hat diese Regelung bewusst so angelegt, dass die Rechte aus der Mitgliedschaft beim Verbandsmitglied verbleiben. Insoweit werden die Vertreter der Stadt in der Verbandsversammlung nicht als Stadträte (als solche unterliegen sie tatsächlich keinem „imperativen" Mandat) tätig, sondern als weisungsgebundene Vertreter der Stadt als Mitglied des Zweckverbands. Allerdings kommt noch hinzu, dass diesem Rechtsgedanken folgend, die Stimmen eines Verbandsmitglieds nur gemeinsam und in gleicher Form abgegeben werden können. Ein Verbandsmitglied kann als solches ja nicht mit mehrerlei Meinung abstimmen. Deshalb gebietet die Vorschrift des § 13 Abs. 2 Satz 3 GKZ, dass die mehreren Stimmen eines Verbandsmitglieds nur einheitlich abgegeben werden können. Wenn dies nicht erfolgt, sind alle abgegebenen Stimmen eines Verbandsmitglieds als ungültig zu werten. So liegt der Fall hier. Es lag eine uneinheitliche Stimmabgabe vor, damit hätten alle fünf Stimmen des Verbandsmitglieds Grünstadt als ungültig gewertet werden müssen.

Zu b)

Die Stimmen in der Verbandsversammlung eines Zweckverbands stehen einem Verbandsmitglied als solchem zu, nicht den einzelnen Vertretern in der Verbandsversammlung (siehe auch Ausführungen oben zu a). Diesem Gedanken folgend ist ein „Stimmführer" auch bei Anwesenheit weiterer Vertreter des Verbandsmitglieds in der Lage, alle Stimmen des Verbandsmitglieds allein abzugeben. Dies jedenfalls dann, wenn kein weiterer Vertreter des Verbandsmitglieds ein fehlendes Einverständnis mit der Stimmabgabe des Stimmführers für den Sitzungsleiter erkennbar zum Ausdruck bringt. Die muss umso mehr gelten, wenn ein weiterer Vertreter des Verbandsmitglieds in der Sitzung gar nicht anwesend ist. Deshalb hätte der Verbandsvorsitzende hier zwei Ja-Stimmen des durch ihren Bürgermeister vertretenen Verbandsmitglieds werten müssen.

Zu c)

Wie bereits unter a) ausgeführt, hat das einzelne Verbandsmitglied nach § 13 Abs. 5 GKZ ein Weisungsrecht gegenüber seinen Vertretern in der Verbandsversammlung. Dieses aber kann nur im Innenverhältnis zwischen Gemeinderat/Gemeinde einerseits und Vertretern in der Verbandsversammlung Wirkung entfalten. Da hier allein eine Weisung eines gemeindlichen Organs an gemeindliche Vertreter vorlag, gab es demzufolge auch keine Wirkung nach außen. Der Verbandsvorsitzende war in diese Willensbildung und Weisung zu Recht weder eingebunden noch gewollt oder ungewollt Adressat dieser Weisung. Vielmehr war seine alleinige Verpflichtung die Prüfung der Frage, ob die Vertreter des Verbandsmitglieds der Vorschrift des § 13 Abs. 2 Satz 3 GKZ folgend eine einheitliche Stimmabgabe vorgenommen haben. Dies aber ist erfolgt. Deshalb hätten alle fünf Stimmen als gültige Stimmen gewertet werden müssen.

Fall 52 (Gesetz über Kommunale Zusammenarbeit – GKZ)

Aufgabentext

Bitte erklären Sie den Unterschied zwischen einem Zweckverband und einer öffentlich-rechtlichen Vereinbarung.

Lösungsvorschlag

Bei einem Zweckverband vereinbaren mehrere kommunale Aufgabenträger (u. U. auch mit anderen Rechtsträgern zusammen) die gemeinsame Erfüllung von Aufgaben. Es entsteht ein neuer Rechtsträger, in diesem Falle eine Körperschaft des öffentlichen Rechts, der Zweckverband. Dieser hat Organe, die Verbandsversammlung und den Verbandsvorsitzenden (§ 12 Abs. 1 Gesetz über kommunale Zusammenarbeit – GKZ). Fakultativ kann auch als weiteres Organ ein Verwaltungsrat eingerichtet werden (§ 12 Abs. 2 GKZ). Die Organe erfüllen für die Verbandsmitglieder zusammen die gemeinsamen Aufgaben.

Demgegenüber regelt die öffentlich-rechtliche Vereinbarung gemäß §§ 25 ff. GKZ, dass eine bestehende Körperschaft (Gemeinden, Landkreise) Aufgaben für einen oder mehrere andere Beteiligte erledigt. Es entstehen keine neuen Organe, vielmehr handeln die Organe der erfüllenden Körperschaft für die anderen Beteiligten mit. Es kann allerdings ein gemeinsamer Ausschuss gebildet und ein Einspruchsrecht vereinbart werden (§ 25 Abs. 2 GKZ).

Fall 53 (Landkreisrecht - LKrO)

Aufgabentext

Im Kreistag ging es um die vom Landrat vorgesehene Schließung des Kreiskrankenhauses in Grünstadt. Der Oberbürgermeister von Grünstadt, Konstantin Helle, der auch Mitglied des Kreistages ist, setzte sich in der Kreistagssitzung massiv für den Erhalt des Kreiskrankenhauses ein. Daraufhin hatte ein anderer Kreisrat vom Landrat gefordert, den Oberbürgermeister und Kreisrat Konstantin Helle wegen Befangenheit von der Beratung auszuschließen. Der Landrat ist sich unschlüssig und bittet Sie um gutachtliche Stellungnahme. Was werden Sie ihm empfehlen?

Lösungsvorschlag

Nach § 14 Landkreisordnung (LKrO) darf der ehrenamtlich tätige Kreiseinwohner weder beratend noch entscheidend mitwirken, wenn die Entscheidung einer Angelegenheit ihm selbst oder u. a. nach § 14 Abs. 1 Nr. 4 LKrO einer von ihm kraft Gesetzes oder Vollmacht vertretenen Person einen unmittelbaren Vorteil oder Nachteil bringen kann. Der Oberbürgermeister *Konstantin Helle* ist gesetzlicher Vertreter seiner Stadt, und die Schließung oder Erhaltung eines Kreiskrankenhauses stellt zweifelsohne einen unmittelbaren Vorteil bzw. Nachteil für seine Stadt bzw. deren Standortqualität dar. Nach § 14 Abs. 2 Nr. 1 LKrO ist auch dann, wenn der ehrenamtlich tätige Kreiseinwohner gegen Entgelt bei jemand beschäftigt ist, dem die Entscheidung der Angelegenheit einen unmittelbaren Vorteil oder Nachteil bringen kann, eine Befangenheit gegeben. Auch diese Vorschrift wäre hier einschlägig und würde zur Befangenheit von Oberbürgermeister und Kreisrat *Konstantin Helle* führen, da er gegen Entgelt als hauptamtlicher Oberbürgermeister tätig ist. Hier aber beansprucht § 14 Abs. 3 LKrO vorrangig Geltung. Nach dessen Satz 3 finden nämlich § 14 Abs. 1 Nr. 4 und Abs. 2 Nr. 1 LKrO dann keine Anwendung, wenn die Entscheidung wegen der Wahrnehmung einer Aufgabe des Landkreises eine kreisangehörige Kommune betrifft oder wenn sie Verpflichtungen der kreisangehörigen Kommunen betrifft, die sich aus der Zugehörigkeit zum Landkreis ergeben und nach gleichen Grundsätzen für die kreisangehörigen Gemeinden festgesetzt werden.

Danach ist der Oberbürgermeister also nur bei „bilateralen", also z. B. Vertragsverhandlungen, direkt mit dem Landkreis befangen, nicht aber im „kommunalpolitisch relevanten" Bereich. Ergebnis: Oberbürgermeister und Kreisrat Konstantin Helle war hier nicht wegen Befangenheit auszuschließen.

Fall 54 (Landkreisrecht – LKrO)

Aufgabentext

Kreisrat Eugen Müller ist darüber empört, dass einem Landwirt in seiner Gemeinde vom Landratsamt der Bau eines Schweinemaststalles genehmigt wurde. Seiner Auffassung nach sei die Landschaft am vorgesehenen Standort viel zu schön, um dort durch den Bau, wie er sich ausdrückt „fürchterlich verunstaltet" zu werden. In der Kreistagssitzung richtet er eine entsprechende mündliche Anfrage an den Landrat. Der Landrat ist neu im Amt und weiß nicht, wie er sich verhalten soll, Was würden Sie ihm raten?

Lösungsvorschlag

Das Landratsamt ist nach § 1 Abs. 3 LKrO die Behörde des Landkreises, es ist zugleich aber auch untere Verwaltungsbehörde. Als untere Verwaltungsbehörde ist das Landratsamt staatliche Behörde. Im vorliegenden Fall ist das Landratsamt auf dem Gebiet des Baurechts und damit in seiner Funktion als Baugenehmigungsbehörde tätig geworden. Diese Tätigkeit ist eindeutig eine staatliche Tätigkeit, die der unteren Verwaltungsbehörde zuzurechnen ist. Nach § 19 Abs. 4 LKrO kann jeder Kreisrat an den Landrat schriftliche, elektronische oder in einer Sitzung des Kreistags mündliche Anfragen über einzelne Angelegenheiten i. S. von Absatz 3 Satz 1 richten, die binnen angemessener Frist zu beantworten sind. Der in Bezug genommene § 19 Abs. 3 Satz 1 lautet aber: *„in allen Angelegenheiten des Landkreises und seiner Verwaltung".* Damit wird das Recht der einzelnen Kreistagsmitglieder auf Information auf die Angelegenheiten des Landkreises beschränkt. Dazu gehören aber die Aufgaben und Entscheidungen der unteren staatlichen Verwaltungsbehörde nicht. Der Landrat muss also hier nicht antworten.

Fall 55 (Landkreisrecht – LKrO)

Aufgabentext

Landrat Max Lustig will für drei Wochen in Urlaub gehen. In den drei Wochen stehen folgende Sitzungen an:

a) eine Sitzung des Kreistags

b) eine Sitzung des Sozialausschusses (Beschließender Ausschuss)

c) eine Sitzung des Sonderausschusses für Müllfragen (beratender Ausschuss)

d) eine Sitzung des Ältestenrats

Der Landrat teilt alle diese Sitzungstermine seinem Ersten Landesbeamten als seinem ständigen allgemeinen Stellvertreter mit und bittet ihn, seine Vertretung als Leiter dieser Sitzungen zu übernehmen.

Wie beurteilen Sie diese Bitte des Landrats?

Lösungsvorschlag

Zu a)

Gemäß § 20 Abs. 1 Satz 2 LKrO wählen die Kreisräte aus ihrer Mitte einen oder mehrere stellvertretende Vorsitzende, die den Landrat als Vorsitzenden des Kreistags im Verhinderungsfalle vertreten. Damit ist die Verhinderungsstellvertretung des Landrats als Vorsitzender des Kreistages abschließend geregelt. Nur der Verhinderungsstellvertreter aus der Mitte des Kreistages gemäß § 20 Abs. 1 Satz 2 LKrO kann anstelle des Landrats die Sitzung des Kreistages regeln. Deshalb kann der Erste Landesbeamte die Sitzung nicht leiten.

Zu b)

Da es sich beim Sozialausschuss um einen beschließenden Ausschuss handelt, ist § 35 LKrO anzuwenden. Gemäß § 35 Abs. 3 LKrO ist der Landrat Vorsitzender der beschließenden Ausschüsse. Er kann nach § 35 Abs. 3 der LKrO seinen ständigen allgemeinen Stellvertreter mit seiner Vertretung im Vorsitz beauftragen. Damit kann der Erste Landesbeamte als ständiger allgemeiner Vertreter des Landrats eine Sitzung des beschließenden Ausschusses leiten. (Anmerkung: Nach § 35 Abs. 3 LKrO wählen die Mitglieder der – beschließenden – Ausschüsse aus ihrer Mitte einen oder mehrere stellvertretende Vorsitzende, die den Vorsitzenden im Verhinderungsfalle vertreten. Der Landrat hätte also auch anstelle seines Ersten Landesbeamten den Verhinderungsstellvertreter nach § 35 Abs. 3 Satz 2 LKrO mit seiner Vertretung beauftragen können.)

Zu c)

Es handelt sich beim Sonderausschuss für Müllfragen um einen beratenden Ausschuss i. S. von § 36 LKrO. Nach § 36 Abs. 2 LKrO ist Vorsitzender der beratenden Ausschüsse der Landrat. Er kann seinen ständigen allgemeinen Stellvertreter oder ein Mitglied des Ausschusses, das Kreisrat ist, mit seiner Vertretung beauftragen. In diesem Fall war es also möglich, den Ersten Landesbeamten mit der Sitzungsleitung zu betrauen.

Zu d)

Für den Ältestenrat gelten die Bestimmungen des § 28 LKrO. Nach § 28 Abs. 1 Satz 2 LKrO ist der Vorsitzende des Ältestenrats der Landrat. Nach § 28 Abs. 1 Satz 3 LKrO wird der Landrat im Verhinderungsfall von seinem Stellvertreter nach § 20 Abs. 1 Satz 2 LKrO vertreten. Dieser ist der aus der Mitte des Kreistages gewählte stellvertretende Vorsitzende des Kreistages. In diesem Fall kann also der Erste Landesbeamte die Vertretung nicht übernehmen.

Fall 56 (Landkreisrecht – LKrO)

Aufgabentext

In einem Landkreis ist die Stelle des Landrats wegen Ablaufs der Amtszeit des bisherigen Amtsinhabers neu zu besetzen. Vom Kreistag wird rechtzeitig ein Ausschuss zur Vorbereitung der Wahl des Landrats gebildet. Da der bisherige Landrat nicht mehr kandidiert, gehen die Mitglieder dieses Ausschusses davon aus, dass der bisherige Landrat den Vorsitz in diesem Ausschuss innehat. Unter Leitung des bisherigen Landrats wird vom Ausschuss zur Vorbereitung der Wahl des Landrats die Stellenausschreibung vorbereitet und anschließend veröffentlicht. Bis zum Bewerbungsschluss melden sich sechs Kandidaten. Die Bewerbungen werden allesamt vom Ausschuss dem Innenministerium vorgelegt, das vier der Bewerber wegen mangelnder Qualifikation ablehnt. Es bleiben zwei Kandidaten übrig.

Aus dem bisherigen Ablauf ergeben sich die folgenden Fragen:

a) War das bisherige Vorgehen rechtmäßig?

b) Angenommen, der Ausschuss zur Vorbereitung der Landratswahl hält zwei Bewerber nicht für ausreichend, was geschieht dann?

c) Angenommen, der Ausschuss zur Vorbereitung der Landratswahl hält zwei Bewerber für ausreichend, was geschieht dann?

Lösungsvorschlag

Zur Vorbereitung der Wahl des Landrats bildet der Kreistag gemäß § 39 Abs. 2 LKrO einen besonderen beschließenden Ausschuss. Dieser wählt aus seiner Mitte den Vorsitzenden und einen oder mehrere Stellvertreter. § 35 Abs. 3 Satz 1 LKrO findet dabei nach dem Gesetzestext ausdrücklich keine Anwendung. Der Ausschuss entscheidet über die öffentliche Ausschreibung der Stelle des Landrats. Er ist ferner zuständig für die Verhandlungen nach Absatz 3 über die Benennung von Bewerbern für die Wahl des Landrats.

Zu a)

Da die Vorschrift des § 35 Abs. 3 Satz 1 LKrO regelt, dass der Landrat Vorsitzender des beschließenden Ausschusses ist, führt der Umkehrschluss des § 39 Abs. 2 LKrO direkt zum Ausschluss des Landrats als Vorsitzenden.

Ergebnis: Das bisherige Vorgehen war nicht rechtmäßig, da der bisherige Landrat als Vorsitzender des Ausschusses fungiert hat.

Zu b)

Nach § 39 Abs. 3 LKrO legt der Ausschuss dem Innenministerium die eingegangenen Bewerbungen mit den dazugehörigen Unterlagen unverzüglich vor. Das Innenministerium und der Ausschuss benennen gemeinsam mindestens drei für die Leitung des Landratsamts geeignete Bewerber, aus denen der Kreistag den Landrat wählt. Können Innenministerium und Ausschuss keine drei Bewerber nennen, so ist die Stelle erneut auszuschreiben.

Zu c)

Diese Regelung (s. Buchst. b), gilt dann nicht, wenn der Ausschuss auf die Benennung weiterer Bewerber verzichtet. Dann genügen auch zwei Bewerber.

Fall 57 (Allgemeines Wissen)

Aufgabentext

Gemeinderatsmitglied Otto Hummer ist verstorben. Er war stellvertretender Bürgermeister der Gemeinde und Ortsvorsteher in seinem Ortsteil. Zudem hat er die Gemeinde in der Verbandsversammlung des Wasserversorgungszweckverbands vertreten. Der

Bürgermeister beauftragt Sie, eine Beratungsunterlage für die nächste Gemeinderatssitzung zu fertigen und darin alles Notwendige zur Weiterführung der Ämter des Verstorbenen zu regeln. Was ist Ihrer Auffassung nach zu regeln?

Lösungsvorschlag

a)

Bei der Tätigkeit als Gemeinderat greift § 31 Abs. 2 GemO. Da der Gemeinderat gestorben ist, liegt ein „Ausscheiden" im Sinne des Gesetzes vor. Die Ersatzperson rückt nach.

b)

In Bezug auf die Tätigkeit des Verstorbenen als stellvertretender Bürgermeister muss baldmöglichst ein Nachfolger gemäß § 48 GemO aus der Mitte des Gemeinderats gewählt werden, da sonst Vertretungsprobleme auftreten könnten.

c)

Die Geschäfte von *Otto Hummer* als Ortsvorsteher führt sein nach § 71 Abs. 1 GemO gewählter Stellvertreter weiter. Die Neuwahl des ehrenamtlichen Ortsvorstehers richtet sich dabei nach § 71 Abs. 1 GemO. Der Ortsvorsteher wird vom Gemeinderat auf Vorschlag des Ortschaftsrats aus dem Kreis der zum Ortschaftsrat wählbaren Bürger gewählt. Der Gemeinderat kann dabei mit einer Mehrheit von zwei Dritteln der Stimmen aller Mitglieder beschließen, dass weitere Bewerber aus der Mitte des Ortschaftsrats in die Wahl einbezogen werden. In diesem Fall ist der Ortschaftsrat vor der Wahl anzuhören.

d)

Wenn ein Stellvertreter als Mitglied in der Verbandsversammlung bestellt ist, nimmt dieser ab sofort an der Verbandsversammlung teil. Wenn das nicht der Fall ist, ist das auch kein Problem, da die Stimmen eines Verbandsmitglieds nach § 13 Abs. 2 Satz 3 Gesetz über kommunale Zusammenarbeit (GKZ) ohnehin nur einheitlich abgegeben werden können. Danach kann der Stimmführer alle Stimmen eines Verbandsmitglieds abgeben, auch wenn einzelne Mitglieder der Verbandsversammlung fehlen.

3. „Große Fälle“ zum Kommunalrecht

Fall 1 Die missglückte Aufgabenübertragung auf den Ortschaftsrat

Aufgabentext

In der baden-württembergischen kreisangehörigen Gemeinde Großenkleinen (G) – mit 12349 Einwohnern idyllisch im Landkreis Oberkleinen gelegen – hat sich Folgendes zugetragen:

In seiner Sitzung am 2.5.2018 hat der Rat unter TOP 15 „Änderung der Hauptsatzung der Gemeinde Großenkleinen“ mit der Mehrheit der anwesenden 12 Ratsmitglieder (sieben Stimmen dafür, fünf Stimmen dagegen) den folgenden Beschluss gefasst:

„Die Hauptsatzung wird wie folgt geändert:

Nach § 12 wird ein neuer § 12a eingefügt, der folgende Regelung trifft:

Den Ortschaftsräten wird die Zuständigkeit übertragen, diejenigen Bebauungspläne zu beraten und beschließen, die sich überwiegend auf das Gebiet der Ortschaften beziehen.“

Nach Maßgabe der bislang geltenden Hauptatzung ist die Ortschaftsverfassung ordnungsgemäß für die Ortsteile Bergdorf und Kleinenau eingeführt. Die neue Aufgabenübertragung soll nach Maßgabe des Gemeinderatsbeschlusses für die beiden Ortschaften gelten.

Alle Gemeinderäte außer Lothar Ludwig (L), der als einziger gegen die Hauptsatzungsänderung gestimmt hat, sehen in der Aufgabenübertragung auf die Ortschaften einen Beitrag zu mehr Dekonzentration der lokalen Demokratie. L hingegen ist zwar nicht gegen die Stärkung der Ortschaften, meint aber, dass der Satzungsbeschluss vom 2.5.2018 derart rechtswidrig sei, dass die Ortschaften jedenfalls so nicht wirksam in ihrem Aufgabenbestand gestärkt werden können. Er wendet sich an die zuständige Rechtsaufsichtsbehörde und bittet um Prüfung, ob gegen den Beschluss eingeschritten werden muss.

Konkrete Aufgabe

Prüfen Sie gutachtlich, ob ein aufsichtliches Einschreiten gegen den Satzungsbeschluss des Gemeinderats der Gemeinde Großenkleinen geboten ist.

Lösungsvorschlag

A. Arbeitsziel

Es ist zu prüfen, ob die Rechtsaufsichtsbehörde (RAB) gegen den Beschluss des Gemeinderats vom 2.5.2018 über die Hauptsatzungsänderung unter TOP 15 im Wege der Beanstandung einschreiten kann.

B. Ermächtigungsgrundlage

Als Ermächtigungsgrundlage für ein solches Einschreiten im Wege der Beanstandung kommt hier § 121 Abs. 1 GemO in Betracht.

C. Formelle Rechtmäßigkeit

Die beabsichtigte Beanstandung der RAB müsste zunächst formell rechtmäßig sein. Formell rechtmäßig ist die Beanstandung, wenn u. a. die Zuständigkeit der RAB in sachlicher, instanzieller und örtlicher Hinsicht gegeben ist.

Sachlich zuständig ist die RAB, wenn es sich gemäß § 118 Abs. 1 Satz 1 GemO vorliegend um eine weisungsfreie Angelegenheit handelt. Zu den weisungsfreien Angelegenheiten zählen neben den freiwilligen Aufgaben der Gemeinden auch die Pflichtaufgaben ohne Weisung nach § 2 Abs. 2 GemO. Der Gemeinderatsbeschluss bezieht unter TOP 15 sich auf eine Änderung der Hauptsatzung nach § 4 Abs. 2 GemO, mit welcher den Ortschaftsräten der Ortschaften *Bergdorf* und *Kleinenau* die Aufgabe der Beschlussfassung über ortschaftsbezogene Bebauungspläne übertragen werden soll. Die Aufgabenübertragung unterfällt grundsätzlich § 70 Abs. 2 GemO und steht als innerorganisatorische Aufgabe in ihrem Ermessen. Es handelt sich somit bei der hier in Rede stehenden Hauptsatzungsänderung um eine weisungsfreie Angelegenheit, für deren externe Rechtmäßigkeitskontrolle die RAB nach § 118 Abs. 1 GemO sachlich zuständig ist.

Instanziell zuständig ist nach § 119 Satz 1 GemO bei kreisangehörigen Gemeinden, die nicht Große Kreisstädte sind, als Rechtsaufsichtsbehörde das Landratsamt als untere Verwaltungsbehörde.

Die örtliche Zuständigkeit ergibt sich aus § 3 Abs. 1 Nr. 3 b LVwVfG, wonach die Behörde örtlich zuständig ist, in deren Bezirk die juristische Person ihren Sitz hat. Die Gemeinde *G* gehört dem Landkreis *Oberkleinen* an. Das Landratsamt *Oberkleinen* ist damit örtlich zuständige RAB.

Folglich liegen die formellen Voraussetzungen vor, so dass eine Beanstandung des Gemeinderatsbeschlusses vom 2.5.2018 durch das Landratsamt Oberkleinen als zuständiger RAB formell rechtmäßig wäre.

D. Materielle Rechtmäßigkeit

Weiterhin müsste die Beanstandung auch materiell rechtmäßig sein. Materiell rechtmäßig ist die Beanstandung dann, wenn die Tatbestandsvoraussetzungen der Ermächtigungsgrundlage vorliegen und das Ermessen fehlerfrei ausgeübt wird.

I. Voraussetzungen der Ermächtigungsgrundlage

Die Tatbestandsvoraussetzungen sind erfüllt, wenn eine beanstandungsfähige Maßnahme einer Gemeinde vorliegt (Beschluss oder Anordnung), die das Gesetz verletzt.

1. Beanstandungsfähige Maßnahme einer Gemeinde

Als beanstandungsfähige Maßnahmen i. S. von § 121 Abs. 1 Satz 1 GemO kommen sowohl Beschlüsse als auch Anordnungen in Betracht. Beschlüsse sind abschließende Entscheidungen eines Kollegialorgans. Um eine solche Maßnahme handelt es sich bei dem am 2.5.2018 unter TOP 15 durch den Gemeinderat, einem Kollegialorgan, gefassten Beschluss über die Hauptsatzungsänderung. Damit liegt eine beanstandungsfähige Maßnahme der Gemeinde *G* vor.

2. Gesetzesverletzung

Der Beschluss müsste auch das Gesetz verletzen, was der Fall ist, wenn er formell und/oder materiell rechtswidrig ist.

a) Formelle Rechtswidrigkeit des Beschlusses vom 2.5.2018

Für den Beschluss des Gemeinderats der *G* vom 2.5.2018 müssten zunächst die formellen Voraussetzungen vorliegen.

aa) Zuständigkeit

Die Gemeinde *G* müsste zunächst die Verbandszuständigkeit besitzen. Dies folgt aus § 1 Abs. 4 i. V. m. § 2 Abs. 1 GemO, wonach die Gemeinden als Gebietskörperschaften in ihrem Gebiet grundsätzlich Träger aller öffentlichen Aufgaben sind. Die Verbandszuständigkeit der *G* liegt somit vor.

Weiterhin müsste der Gemeinderat nach § 24 Abs. 1 Satz 2 Halbs. 2 GemO die Organzuständigkeit besitzen. Nach dieser Vorschrift ist der Gemeinderat zuständig, wenn nicht eine gesetzliche Zuständigkeit des Bürgermeisters – als dem anderen Verwaltungsorgan der Gemeinde (§ 23 GemO) – gegeben ist bzw. nicht der Gemeinderat im zulässigen Rahmen eine Zuständigkeit auf den Bürgermeister übertragen hat. Weder hat vorliegend eine solche (i. Ü. allerdings vorliegend nach § 44 Abs. 2 Satz 3 GemO unzulässige) Aufgabendelegation stattgefunden noch besteht eine gesetzliche Zuständigkeit des Bürgermeisters nach § 44 Abs. 2 Satz 1, Abs. 3 Satz 1 GemO. Damit war der Gemeinderat auch organzuständig.[1]

bb) Verfahren

Bezüglich des Verfahrens steht vorliegend nach Lage des Sachverhalts allein in Frage, ob bei der Beschlussfassung die erforderliche Mehrheit eingehalten wurde. Hier gilt grundsätzlich § 37 GemO. Nach § 37 Abs. 1 Satz 1 GemO kann der Gemeinderat grundsätzlich nur in einer ordnungsgemäß einberufenen und geleiteten Sitzung überhaupt beraten und beschließen. Hinweise auf etwaige Mängel in Sinne dieser Vorschrift enthält der Sachverhalt nicht. Auch ist die generelle Beschlussfähigkeit des Gemeinderats nach § 37 Abs. 2 Satz 1 GemO vorliegend gegeben, da der Gemeinderat bei der Einwohnerzahl von 12349 Einwohnern über die gesetzliche Zahl von 22 Gemeinderäten verfügt (vgl. § 25 Abs. 2 Satz 1 GemO) und Mitglieder somit einschließlich des Bürgermeisters 23 Personen sind. Die für die Beschlussfähigkeit nach § 37 Abs. 2 Satz 1 GemO erforderliche Anwesenheit der Hälfte aller Mitglieder ist bei 12 Anwesenden vorliegend erfüllt.

Allerdings geht es unter TOP 15 um eine Änderung der Hauptsatzung, für die § 4 Abs. 2 GemO eine qualifizierte Mehrheit vorschreibt. Nach dieser Vorschrift bedarf der Erlass einer Hauptsatzung, zu der auch der Erlass einer Änderungssatzung zu einer – wie vorliegend – bereits bestehenden Hauptsatzung zählt, der Mehrheit der Stimmen aller Mitglieder des Gemeinderats. Diese qualifizierte Stimmenmehrheit ist vorliegend bereits deshalb nicht gegeben, weil die sieben Ja-Stimmen nicht der Mehrheit der Stimmen aller Mitglieder des Gemeinderats entsprechen. Ein Abstellen bloß auf die einfache Mehrheit der Stimmen der Anwesenden ist im Anwendungsbereich von § 4 Abs. 2 GemO unzulässig.

Damit fehlte für den Beschluss unter TOP 15 hier die erforderliche Mehrheit nach § 4 Abs. 2 GemO. Der Beschluss ist insoweit folglich formell rechtswidrig.

---

1 Anmerkung: Die Organzuständigkeit ergibt sich zudem auch aus § 39 Abs. 2 Nr. 3 i. V. m. § 70 Abs. 2 GemO, wonach für den Erlass einer Hauptsatzung, mit der dem Ortschaftsrat Aufgaben übertragen werden, eine ausschließliche Zuständigkeit des Organs Gemeinderat begründet ist. Hierauf wird sogleich noch einzugehen sein.

cc) Zwischenergebnis

Der Beschluss des Gemeinderats vom 2.5.2018 ist formell rechtswidrig.

b) Materielle Rechtmäßigkeit des Beschlusses vom 2.5.2018

Fraglich ist, ob der Beschluss den materiellen Anforderungen entspricht. Dann müsste die mit der Hauptsatzungsregelung verfolgte Aufgabenübertragung auf die beiden Ortschaftsräte ihrerseits rechtmäßig sein, d. h. mit den gesetzlichen Anforderungen im Einklang stehen. Insoweit kommt es auf § 70 Abs. 2 GemO an. Nach dieser Vorschrift kann der Gemeinderat durch die Hauptsatzung bestimmte Angelegenheiten, die die Ortschaft betreffen, dem Ortschaftsrat zur Entscheidung übertragen. Vorliegend geht es ausweislich des Sachverhalts darum, den Ortschaftsräten in *Bergdorf* und *Kleinenau* die Zuständigkeit dafür zu übertragen, diejenigen Bebauungspläne zu beraten und zu beschließen, die sich überwiegend auf das Gebiet der Ortschaften beziehen. Damit liegt zwar der nach § 70 Abs. 2 Satz 1 GemO erforderliche Ortschaftsbezug vor. Allerdings greift das Delegationsverbot des § 70 Abs. 2 Satz 2 GemO. Danach gilt § 70 Abs. 2 Satz 1 GemO u. a. dann nicht, wenn es sich um eine in § 39 Abs. 2 GemO genannte Angelegenheit handelt. Soweit also der Gemeinderat eine Angelegenheit nicht auf einen beschließenden Ausschuss übertragen kann, ist ihm diese Möglichkeit auch bezüglich einer Übertragung auf den Ortschaftsrat verwehrt. § 39 Abs. 2 Nr. 3 GemO verbietet es, den Erlass von Satzungen auf beschließende Ausschüsse zu übertragen. Da es sich bei dem Beschluss von Bebauungsplänen nach § 10 Abs. 2 BauGB um den Erlass von Satzungen handelt, ist eine Delegation sowohl auf beschließende Ausschüsse als auch – nach § 70 Abs. 2 GemO – auf den Ortschaftsrat unzulässig. Damit verstößt die hier mit der Hauptsatzungsregelung verfolgte Änderung gegen § 70 Abs. 2 Satz 2 GemO i. V. m. § 39 Abs. 2 Nr. 3 GemO und ist daher materiell rechtswidrig.

c) Ergebnis zu 2.

Die unter TOP 15 am 2.5.2018 gefasste Beschluss ist formell und materiell rechtswidrig und verletzt somit das Gesetz.

3. Ergebnis zu I.

Die Voraussetzungen der Ermächtigungsgrundlage (§ 121 Abs. 1 GemO) liegen vor.

II. Rechtsfolge: Ermessen

Auf der Rechtsfolgenseite räumt § 121 Abs. 1 GemO der RAB Ermessen ein, welches gemäß § 40 LVwVfG pflichtgemäß auszuüben ist (sog. Aufsichtsermessen). Dabei ist die Ermessensausübung regelmäßig auf das Entschließungsermessen beschränkt, d. h. die RAB muss entscheiden, ob sie im konkreten Fall einschreitet oder nicht. Diese Entscheidung ist nur eingeschränkt verwaltungsgerichtlich überprüfbar, nämlich dann, wenn der Behörde Ermessensfehler unterlaufen. Danach ist hier fraglich, ob ein Einschreiten in pflichtgemäßer Ausübung des Aufsichtsermessens angezeigt ist. Dagegen spricht grundsätzlich, dass die Rechtaufsichtsbehörden nach § 118 Abs. 3 GemO die Aufsicht so auszuüben haben, dass die Entschlusskraft und die Verantwortungsfreudigkeit der Gemeinde nicht beeinträchtigt werden (sog. Grundsatz der selbstverwaltungsfreundlichen Aufsicht). Demgegenüber steht allerdings die Aufgabe der Aufsicht, die Rechtmäßigkeit des gemeindlichen Handelns sicherzustellen. Fraglich ist somit, welchen der beiden Interessen angesichts der vorliegenden Sach- und Rechtslage der Vorrang einzuräumen ist. Insoweit ist zu berücksichtigen, dass der Gemeinderat gegen zwei von der GemO mit besonderen Voraussetzungen ausgestattete Vorschriften verstoßen hat. Sowohl das für den Erlass einer Hauptsatzungsregelung in § 4 Abs. 2 GemO statuierte Mehrheitserfordernis wurde deutlich unterschritten als auch das Verbot einer Aufgabenübertragung für Satzungen auf den Ortschaftsrat nach § 70 Abs. 2 Satz 2 GemO wurde missachtet. Würde die RAB auf ein Einschreiten verzichten, führte dies zu einer Perpetuierung dieser rechtswidrigen Zustände. Dies kann schon unter Berücksichtigung der Bindung auch der kommunalen Selbstverwaltung an den rechtsstaatlichen Gesetzmäßigkeitsgrundsatz nicht hingenommen werden. Daher ist vorliegend ein Einschreiten im Wege der Beanstandung nach § 121 GemO angezeigt. Die RAB würde somit ermessensfehlerfrei handeln, wenn sie den Gemeinderatsschluss beanstanden würde.

III. Ergebnis zu D.

Ein Vorgehen im Wege der Beanstandung durch die RAB gegen den Beschluss des Gemeinderats vom 2.5.2018 wäre auch materiell rechtmäßig.

E. Gesamtergebnis

Ein aufsichtliches Einschreiten gegen den Satzungsbeschluss des Gemeinderats der Gemeinde *Großenkleinen* wäre insgesamt rechtmäßig und ist daher geboten.

Fall 2 Der „verkorkste" Weihnachtsmarkt in Besenheim

Aufgabentext

Die bei Touristen sehr beliebte mittelalterliche Fachwerkstadt Besenheim (B), mit 12000 Einwohnern inmitten des Weinbaugebiets Hellborn gelegen, veranstaltet seit 2015 einen „historischen Weihnachtsmarkt" auf dem alten Marktplatz mitten in der Stadt. Der Markt findet jeweils am zweiten Adventswochenende statt.

Der Gemeinderat hatte bereits in seiner Sitzung am 14.5.2015 folgenden Beschluss gefasst:

„Die Stadt B richtet einen sog. historischen Weihnachtsmarkt als öffentliche Einrichtung jeweils am zweiten Adventswochenende ausschließlich auf dem alten Marktplatz aus. Entsprechend dem Charakter des Marktes werden in der Regel nur solche Stände zugelassen, die kunsthandwerkliche Erzeugnisse anbieten. Das Nähere regelt eine Marktordnung."

Die vom Gemeinderat am 15.6.2015 erlassene Marktordnung – eine wirksam in Kraft getretene Satzung der Stadt B – enthält unter anderem in § 3 folgenden Passus:

„[1]Auf dem Weihnachtsmarkt stehen insgesamt 30 Standplätze zur Verfügung. 25 Standplätze sind ausschließlich dem Kunsthandwerk vorbehalten (insbesondere Weihnachtsdekorationsartikel und ähnliche im Zusammenhang mit dem Weihnachtsfest und regionalem Brauchtum stehende Waren). [2]Das Angebot für den Ausschank alkoholischer Getränke wird auf zwei Standplätze beschränkt. (…). [4]Bewerberinnen und Bewerber für einen Standplatz müssen dies schriftlich bis zum 15.06. des jeweiligen Jahres bei der Stadt beantragen (…)"

In der Stadt B gibt es einen Traditionsverein e. V. (T), der einmal jährlich ein Sommerweinfest in B veranstaltet, und zwei ebenfalls in B ansässige Weinhändler (W und Z). Alle bewerben sich mit schriftlichem Antrag am 12.6.2018 um die beiden Standplätze, die für den Ausschank von alkoholischen Getränken vorgesehen sind, weil sie dort den speziellen „Winterwinzerglühwein" ausschenken wollen.

W und Z waren bereits in den Vorjahren stets zum Zuge gekommen. T beantragt erstmals die Zulassung für den Betrieb eines Glühweinstandes auf dem Weihnachtsmarkt in 2018. Bereits am 14.6.2018 teilt die Stadt den Bewerbern schriftlich ihre Entscheidungen mit. W und Z erhalten – wie in den Vorjahren auch – eine Zulassung zum Weihnachtsmarkt, wohingegen T leer ausgeht. Zur Begründung führt die Stadt aus, dass es sich bei W und Z um bekannte Standbetreiber handelt, die sich auf den Weihnachtsmärkten der vergan-

genen Jahre stets als absolut zuverlässige Standbetreiber erwiesen hätten. An dieser guten Zusammenarbeit wolle man daher festhalten. Demgegenüber zeige gerade das von T ausgerichtete Sommerweinfest immer wieder, dass es zu übermäßigem Alkoholkonsum und nächtlichen Ruhestörungen durch alkoholisierte Festbesucher komme. Dies wolle man auf dem Weihnachtsmarkt unbedingt vermeiden.

Der Vorstand des T ist entsetzt angesichts dieser Entscheidung. Er ist der Meinung, dass die Stadt unrechtmäßig und einseitig die beiden Weinhändler als Gewerbesteuerzahler bevorzuge. Es müssten auch einmal andere Bewerber zum Zuge kommen können. Außerdem habe man als ortsansässiger Verein nach dem NKomVG ohnehin einen Anspruch auf Zulassung zu dem Weihnachtsmarkt.

Konkrete Aufgaben

1. *Prüfen Sie in einem Gutachten, ob die Stadt B dem T zu Unrecht die Zulassung zum Markt verweigert hat.*
2. *Auf welche Weise könnte T einen etwaigen Zulassungsanspruch (unterstellt, dieser bestünde tatsächlich) gegenüber der Stadt B geltend machen?*
3. *Wie wäre die Rechtslage zu beurteilen, wenn die Zulassungsentscheidung nicht durch die Stadt B, sondern die Stadtmarketing GmbH, einer 100%-igen Eigengesellschaft der Stadt H, erfolgt wäre?*

(Hinweis: Vorschriften der GewO sind nicht zu prüfen.)

Lösungsvorschlag zu Aufgabe 1

A. Arbeitsziel

Zu prüfen ist, ob die die Stadt *B* dem *T* zu Unrecht die Zulassung zum Markt verweigert hat. Dies wäre dann der Fall, wenn *T* ein Anspruch auf Zulassung zum Weihnachtsmarkt zustünde.

B. Anspruchsgrundlage

Als mögliche Anspruchsgrundlage für die Zulassung des *T* zum Weihnachtsmarkt in *B* kommt § 10 Abs. 2 Satz 2 GemO in Betracht. Danach sind die Einwohner und die ihnen gleichgestellten Personen im Rahmen des geltenden Rechts berechtigt, die öffentlichen Einrichtungen der Gemeinde nach gleichen Grundsätzen zu benutzen (sog. Benutzungs- bzw. Zulassungsanspruch zu öffentlichen Einrichtungen der Gemeinde).

C. Voraussetzungen der Anspruchsgrundlage

Zunächst müssten die Voraussetzungen der Anspruchsgrundlage gegeben sein.

I. Öffentliche Einrichtung der Gemeinde

Fraglich ist, ob es sich bei dem Weihnachtsmarkt um eine öffentliche Einrichtung der Gemeinde – der Stadt *B* – handelt. Der Begriff der öffentlichen Einrichtung ist grundsätzlich weit zu verstehen und umfasst nicht nur ortsfeste Gebäude o. ä. Vielmehr kommt es auf die in § 10 Abs. 2 Satz 1 GemO aufgeführten öffentlichen Zwecke an, denen eine öffentliche Einrichtung regelmäßig zu dienen bestimmt ist. Danach ist maßgebend das wirtschaftliche, soziale und kulturelle Wohl der Einwohner. Dies ist bei der alljährlichen Durchführung eines Weihnachtsmarktes in der Adventszeit anzunehmen, da jedenfalls das soziale und das kulturelle Wohl der Einwohner mit der Schaffung der öffentlichen Einrichtung verfolgte Zwecke i. S. von § 10 Abs. 2 Satz 1 GemO darstellen.

Weiter ist – als ungeschriebenes Tatbestandsmerkmal von § 10 Abs. 2 GemO – es erforderlich, dass die öffentliche Einrichtung, hier also der Weihnachtsmarkt, der Benutzung durch die Einwohnerinnen und Einwohner sowie die diesen gleichgestellten Personengruppen durch mindestens konkludente Widmung eröffnet wird. Hier ist jedenfalls durch den Beschluss des Gemeinderats, *„den sog. historischen Weihnachtsmarkt als öffentliche Einrichtung jeweils am zweiten Adventswochenende ausschließlich auf dem alten Marktplatz auszurichten"* wegen des ausdrücklichen Bezuges auf die öffentliche Einrichtung eine Widmung erfolgt. Denn aus dem Beschluss kann nur gefolgert werden, dass der Entscheidung auch die in § 10 Abs. 2 Satz 2 GemO festgelegte Nutzung folgen soll.

Eine öffentliche Einrichtung der Gemeinde – der Stadt *B* – liegt mit dem Weihnachtsmarkt ebenso vor wie die erforderliche Widmung.

II. Berechtigter Personenkreis

T müsste als ortsansässiger Verein (e. V.) auch zum berechtigten Personenkreis gehören, dem nach Maßgabe von § 10 GemO die Zulassung zum Weihnachtsmarkt als Ausprägung des Benutzungsanspruchs öffentlicher Einrichtungen eröffnet ist. *T* ist als Verein kein Einwohner i. S. von § 10 Abs. 1, Abs. 2 Satz 2 GemO, da unter den Einwohnerbegriff nur natürliche Personen fallen. Allerdings handelt es sich bei einem eingetragenen Verein um eine juristische Person des Privatrechts. § 10 Abs. 4 GemO stellt juristische Personen des Privatrechts und nichtrechtsfähige Personenvereinigungen hinsichtlich des Nutzungsanspruchs öffentlicher Einrichtungen nach § 10 Abs. 2 Satz 2 GemO ausdrücklich gleich. Damit zählt der Traditionsverein *T* e. V. zu dem berechtigten Personenkreis bezüglich des Nutzungsanspruchs öffentlicher Einrichtungen und kann als dessen Ausprägung auch einen Zulassungsanspruch für den Weihnachtsmarkt nach § 10 Abs. 2 Satz 2, Abs. 4 GemO geltend machen.

III. Im Rahmen des geltenden Rechts

Nach § 10 Abs. 2 Satz 2 GemO besteht der Benutzungs- und Zulassungsanspruch zu öffentlichen Einrichtungen – und somit auch zum Weihnachtsmarkt in der Stadt *B* – nur im Rahmen des geltenden Rechts. Dabei ergeben sich die rechtlichen Grenzen zum einen aus dem Widmungszweck und zum anderen aus der Übereinstimmung mit sonstigem höherrangigen Recht.

Verstöße gegen sonstiges höherrangiges Recht sind nach dem Sachverhalt ersichtlich nicht gegeben. Da es sich um die Durchführung des Weihnachtsmarktes als gemeindliche öffentliche Einrichtung handelt, sind auch die Bestimmungen der GewO zu Märkten nicht einschlägig, da § 10 Abs. 2 GemO insoweit vorgeht.

In Betracht kommt somit nur eine Überprüfung am Maßstab des Widmungszwecks. Dieser ergibt sich zum einen aus der Zwecksetzung als *„historischer Weihnachtsmarkt"* durch den Gemeinderatsbeschluss als auch aus dessen näherer Ausgestaltung durch die Marktsatzung, welche zum einen den Schwerpunkt des Angebots auf kunsthandwerkliche Erzeugnisse legt (Satz 1 der Marktordnung) und daher überdies das Angebot für den Ausschank alkoholischer Getränke auf zwei Standplätze beschränkt (Satz 2 der Marktordnung). In diesem Rahmen bewegt sich freilich *T* mit dem beabsichtigten Ausschank von Glühwein, und zwar in gleicher Weise wie *W* und *Z* als Mitbewerber auch. Damit wird mit der mit dem Zulassungsantrag verfolgten Nutzungsart der öffentlichen Einrichtung deren Widmungszweck auch von *T* eingehalten. Die Nutzung bewegt sich somit auch im Rahmen des geltenden Rechts.

D. Rechtsfolge

Da nach der vorstehenden Prüfung im Falle von *T* alle Tatbestandsvoraussetzungen für die Nutzung der öffentlichen Einrichtung vorliegen, besteht nach § 10 Abs. 2 Satz 2, Abs. 4 GemO zugunsten von *T* grundsätzlich ein gebundener Anspruch auf Zulassung zu der öffentlichen Einrichtung, d. h. vorliegend zum Weihnachtsmarkt in der Stadt für die begehrte Nutzungsart (Ausschank von Glühwein). Allerdings ist vorliegend zu berücksichtigen, dass infolge der (zur Ausgestaltung des Widmungszwecks grundsätzlich rechtlich nicht zu beanstandenden) Begrenzung der Möglichkeiten des Ausschanks alkoholischer Getränke auf zwei Marktstände ein Fall der Kapazitätsauslastung gegeben ist, sofern sich – wie hier – mehr als zwei Berechtigte um die Zulassung zum Weihnachtsmarkt bewerben. In diesen Fällen wandelt sich der Zulassungsanspruch in einen solchen auf fehlerfreie Ermessensauswahlentscheidung durch die Gemeinde unter den Bewerbern. Vorliegend konkurrieren *W* und *Z*, die bereits mit Glühweinausschank an Weihnachtsmärkten teilgenommen haben, mit *T* als Neubewerber. Die Stadt *B* hat für ihre Entscheidung ein Auswahlermessen, das lediglich nicht fehlerhaft betätigt werden darf, sich (da es sich bei der Zulassungsentscheidung um einen Verwaltungsakt nach § 35 Satz 1 LVwVfG gegenüber den Bewerbern handelt) im Rahmen von § 40 LVwVfG bewegen muss und für den anerkanntermaßen von der Rechtsprechung gebilligte Kriterien zugrunde gelegt werden dürfen. Zu den insoweit zulässigen Kriterien gehört auch der Grundsatz *„bekannt und bewährt"*, der bei der Auswahlentscheidung zum Tragen kommen kann, wenn mit bisherigen Teilnehmern gute Erfahrungen gemacht worden sind und daher für einen Wechsel zu anderen (neuen) Bewerbern keine Veranlassung gesehen wird. Dieses Kriterium hat die Stadt *B* hier ermessensfehlerfrei ihrer Auswahlentscheidung zugrunde gelegt, indem sie eine Zulassungsentscheidung zugunsten von *W* und *Z*, die bereits zuverlässig als Standbetreiber an bisherigen Weihnachtsmärkten in der Stadt *B* teilgenommen haben, getroffen hat und gegenüber *T* eine ablehnende Entscheidung getroffen hat. Darauf, dass es zusätzlich im Zusammenhang mit dem von *T* veranstalteten Sommerweinfest zu Störungen gekommen ist, kommt es in diesem Zusammenhang gar nicht an, weil bereits das Festhalten an *W* und *Z* unter dem zulässigen Kriterium *„bekannt und bewährt"* für sich genommen ausreichend war, um eine ermessensfehlerfreie Zulassungsentscheidung zu treffen, auch wenn diese zu Lasten von *T* ausgegangen ist.

E. Gesamtergebnis

Die Stadt B hat somit gegenüber *T* bei der Zulassungsentscheidung bezüglich des Weihnachtsmarktes nicht ermessensfehlerhaft gehandelt. *T* hat weder einen Anspruch auf Zulassung zum Weihnachtsmarkt noch einen solchen auf abermalige Ermessensentscheidung über seinen Antrag.

Lösungsvorschlag zu Aufgabe 2

T könnte einen etwaigen Zulassungsanspruch (unterstellt, dieser bestünde – anders als nach dem Ergebnis zu Aufgabe 1 – tatsächlich) gegenüber der Stadt *B* neben einer Zulassungsentscheidung nicht durch die Stadt *B*, sondern die Stadtmarketing GmbH, einer 100%-igen Eigengesellschaft der Stadt *H* neben einem zunächst durchzuführenden Verpflichtungswiderspruch durch eine verwaltungsgerichtliche Klage geltend machen.

Statthafte Klageart wäre, da es sich bei der versagten Zulassungsentscheidung um einen Verwaltungsakt i. S. von § 35 LVwVfG handelt, die Verpflichtungsklage gemäß § 42 Abs. 1 Alt. 2 VwGO. Sie wäre gerichtet auf Zulassung des *T* zum Weihnachtsmarkt, soweit mangels Kapazitätsauslastung der gebundene Anspruch nach § 10 Abs. 2 Satz 2, Abs. 4 GemO besteht. Andernfalls wäre *T* darauf verwiesen, sich auf diesem Wege gegen die (unterstellt) fehlerhafte Ermessensentscheidung zu wenden. Im Wege des Eilrechtsschutzes wäre zudem Rechtsschutz nach § 123 Abs. 1 VwGO zu erlangen.

Lösungsvorschlag zu Aufgabe 3

Auch in der Konstellation, dass die Zulassungsentscheidung nicht durch die Stadt *B* selbst, sondern die Stadtmarketing GmbH, einer 100%-igen Eigengesellschaft der Stadt *B*, erfolgt wäre, müsste die Klage nach § 42 Abs. 1 Alt. 2 VwGO bzw. der Antrag nach § 123 Abs. 1 VwGO gleichermaßen gegen die Stadt *B* gerichtet werden, da der auf diesem Wege gerichtlich geltend gemachte Zulassungsanspruch stets öffentlich-rechtlicher Natur ist, und zwar selbst dann, wenn – wie in Aufgabe 3 geschildert – nicht durch die Gemeinde als Gebietskörperschaft des öffentlichen Rechts, sondern die privatrechtlich organisierte Stadtmarketing-GmbH erfolgt ist. Es gilt insoweit die sog. Zwei-Stufen-Theorie und der damit verbundene Grundsatz *„Keine Flucht ins Privatrecht"*.

Fall 3 Eine aufregende Gemeinderatssitzung

Aufgabentext

Der Gemeinderat der Stadt Braunberg war am 17.12.2018 zu einer öffentlichen Sitzung zusammengekommen. Alle 22 Gemeinderatsmitglieder und der Bürgermeister waren anwesend. Außerdem waren zahlreiche Zuhörer zugegen. Viele davon waren Spielerinnen und „Fans" der gerade in die 2. Bundesliga aufgestiegenen Damen-Fußballmannschaft des SC Braunberg in ihren Trikots.

Den Mitgliedern des Gemeinderats war die Sitzungseinladung acht Tage vor der Sitzung zugegangen. Folgende Tagesordnung für die Sitzung nebst Beratungsunterlagen war beigefügt:

1. *Vergabe von Fensterauswechslungen am Rathaus*
2. *Vergabe von Ausbesserungsarbeiten am Gehweg vor dem Rathaus*
3. *Vergabe von Planungsleistungen für einen neuen Kindergarten*

Nach der Begrüßung durch den Bürgermeister hatte Stadtrat Huber beantragt, folgenden weiteren Tagesordnungspunkt auf die öffentliche Sitzung aufzunehmen:

> *Gewährung einer Aufstiegsprämie und eines jährlichen finanziellen Zuschusses an die Damen-Fußballmannschaft des SC Braunberg*

Dagegen solle der in der öffentlichen Sitzung vorgesehene TOP 3 (Vergabe von Planungsleistungen für einen neuen Kindergarten) nichtöffentlich beraten werden. Er habe hier wichtige Informationen vorliegen, die keinesfalls für die Öffentlichkeit geeignet wären.

Der Bürgermeister gab dann ohne weitere Beratung folgende neue Tagesordnung für die öffentliche Sitzung bekannt:

1. *Vergabe von Fensterauswechslungen am Rathaus*
2. *Vergabe von Ausbesserungsarbeiten am Gehweg vor dem Rathaus*
3. *Gewährung einer Aufstiegsprämie und eines jährlichen finanziellen Zuschusses an die Damen-Fußballmannschaft des SC Braunberg*

Die Sitzung nahm dann folgenden Verlauf:

Unter TOP 1 erfolgte die Vergabe der Fensterauswechslung an die Firma Fensterbau Weber. Stadträtin Stein lebt schon 25 Jahre mit dem Inhaber dieses Handwerksbetriebs unverheiratet zusammen. Auf Antrag von Stadtrat Huber wurde die am Sitzungstisch weiterhin anwesende Stadträtin Stein, die sich heftig verbal gegen den Beschluss gewehrt hatte, mit deutlicher Stimmenmehrheit wegen einer Befangenheit von der Beratung und Beschlussfassung ausgeschlossen. Der Bürgermeister hatte sie dann auch gleich aus dem Sitzungsraum verwiesen. Nach Beendigung des TOP 1 wurde sie wieder zurück in den Sitzungssaal geholt und nahm an der weiteren Sitzung teil.

Unter TOP 2 erfolgte die Vergabe an die Firma Gehwegbau-GmbH. Stadtrat Huber ist dort Prokurist. Als Stadträtin Stein auf eine mögliche Befangenheit von Stadtrat Huber hingewiesen hatte, antwortete der Bürgermeister, dass eine Befangenheit nicht vorliege, da Stadtrat Huber nicht Firmeninhaber sei und damit „keinen unmittelbaren Vorteil" habe. Deshalb entscheide er als Bürgermeister, dass keine Befangenheit von Stadtrat Huber vorliege.

Unter TOP 3 wies zunächst der Bürgermeister darauf hin, dass man sich zwar sehr freue, dass die Damen-Fußballmannschaft nun in die 2. Bundesliga aufgestiegen sei. Die angespannte Finanzlage erlaube aber keine Bezuschussung der Damen-Fußballmannschaft. Daraufhin hatten die anwesenden Spielerinnen und „Fans" mit ihren mitge-

brachten Trillerpfeifen ein gewaltiges „Pfeifkonzert" veranstaltet. Da auch auf mehrere diesbezügliche Ermahnungen durch den Bürgermeister keine Ruhe eintrat, hatte dieser den TOP 3 zur nichtöffentlichen Sache erklärt und die Zuhörer aus dem Sitzungsraum verwiesen. Der Gemeinderat hatte dann in nichtöffentlicher Sitzung die Gewährung eines Zuschusses an die Damen-Fußballmannschaft abgelehnt.

Konkrete Aufgabe

Der Journalist Harry Hirsch vom Braunberger Tagblatt hatte sich nach der öffentlichen Sitzung an Sie gewandt und um eine rechtliche Beurteilung gebeten.

Lösungsvorschlag

A. Arbeitsziel

Es ist zu prüfen, ob die Beschlüsse des Gemeinderats rechtmäßig erfolgt sind.

B. Formelle Rechtmäßigkeit

I. Sitzungseinladung

Nach § 37 Abs. 1 GemO kann der Gemeinderat nur in einer ordnungsmäßig einberufenen und geleiteten Sitzung beraten und beschließen. Nach § 34 Abs. 1 GemO beruft der Bürgermeister den Gemeinderat schriftlich oder elektronisch mit angemessener Frist ein und teilt rechtzeitig, in der Regel mindestens sieben Tage vor dem Sitzungstag, die Verhandlungsgegenstände mit. Dabei sind die für die Verhandlung erforderlichen Unterlagen beizufügen, soweit nicht das öffentliche Wohl oder berechtigte Interessen Einzelner entgegenstehen. Hier ist festzustellen, dass schon die Einladung wohl rechtzeitig (Aufgabentext: acht Tage) erfolgt ist. Laut Aufgabentext lagen wohl auch Beratungsunterlagen bei. Nicht eingeladen waren aber die Mitglieder des Gemeinderats zu dem nachträglich „ad hoc" aufgenommenen TOP *„Gewährung einer Aufstiegsprämie und eines jährlichen finanziellen Zuschusses an die Damen-Fußballmannschaft des SC Braunberg"*. Dies gilt auch für Öffentlichkeit als solche, denn gemäß § 37 Abs. 1 Satz 7 GemO sind Zeit, Ort und Tagesordnung der öffentlichen Sitzungen rechtzeitig ortsüblich bekannt zu geben. Entgegen der Vorschrift des § 34 Abs. 1 Halbs. 2 GemO waren dabei auch nicht die für die Verhandlung erforderlichen Unterlagen beigefügt. Es sind auch noch weitere Verstöße gegen formelle Vorschriften offenkundig. So wird nach § 35 Abs. 1 Satz 3 GemO über Anträge aus der Mitte des Gemeinderats, einen Verhandlungsgegenstand entgegen der Tagesordnung in öffentlicher oder nichtöffentlicher Sitzung zu behandeln, in nichtöffentlicher Sitzung beraten und entschieden. Laut Aufgabentext wurde weder über die zusätzliche Aufnahme des TOP *„Gewährung einer Aufstiegsprämie und eines jährlich finanziellen Zuschusses an die Damen-Fußballmannschaft des SC Braunberg“* nichtöffentlich beraten und entschieden, noch über die Verweisung des *TOP „Vergabe von Planungsleistungen für einen neuen Kindergarten“* in den nichtöffentlichen Teil der Sitzung.

II. Beratung TOP 1

Mitglieder des Gemeinderats sind gemäß § 32 Abs. 1 GemO ehrenamtlich tätig. Nach § 18 Abs. 4 GemO hat der ehrenamtlich tätige Bürger, bei dem ein Tatbestand vorliegt, der Befangenheit zur Folge haben kann, dies vor Beginn der Beratung über diesen Gegenstand dem Vorsitzenden, sonst dem Bürgermeister mitzuteilen. Ob ein Ausschließungsgrund vorliegt, entscheidet in Zweifelsfällen in Abwesenheit des Betroffenen bei Gemeinderäten und bei Ehrenbeamten der Gemeinderat, bei Ortschaftsräten der Ortschaftsrat, bei Mitgliedern von Ausschüssen der Ausschuss, sonst der Bürgermeister. Offensichtlich lag hier schon keine Befangenheit vor (siehe materielle Rechtmäßigkeit – C. a)). Allerdings wären auch unter der Annahme eines Zweifelfalles insoweit ein Rechtsverstoß offenkundig, insoweit die laut Aufgabentext *„am Sitzungstisch weiterhin anwesende Stadträtin Stein, die sich heftig verbal gegen den Beschluss gewehrt hatte“* an der Beratung wohl teilgenommen hat. Dass der Bürgermeister sie dann aus dem Sitzungsraum verwiesen hatte, steht zudem in Widerspruch zur Regelung des § 18 Abs. 5 GemO. Danach muss, wer an der Beratung und Entscheidung nicht mitwirken darf, die Sitzung verlassen. Bei einer öffentlichen Sitzung bedeutet dies aber nicht den Sitzungsraum als Ganzes, sondern nur den Beratungsbereich. Denn auch der „befangene“ ehrenamtliche Bürger bleibt „Bürger“ und darf damit natürlich jeglicher öffentlicher Sitzung beiwohnen. Somit war im Verweis der Stadträtin *Stein* aus dem Sitzungssaal ein Verstoß gegen § 18 Abs. 5 GemO zu erkennen.

III. Beratung TOP 2

Laut Aufgabentext hatte der Bürgermeister entschieden, *„dass keine Befangenheit von Stadtrat Huber vorliege“*. Ob ein Ausschließungsgrund vorliegt, entscheidet nach § 18 Abs. 2 Satz 2 GemO aber in Zweifelsfällen in Abwesenheit des Betroffenen bei Gemeinderäten und bei Ehrenbeamten der Gemeinderat, bei Ortschaftsräten der Ortschaftsrat, bei Mitgliedern von Ausschüssen der Ausschuss und nur sonst der Bürgermeister. Damit liegt ein formeller Verstoß gegen die genannte Vorschrift vor.

IV. Beratung TOP 3

Gemäß § 37 Abs. 1 Satz 7 GemO sind Zeit, Ort und Tagesordnung der öffentlichen Sitzungen rechtzeitig ortsüblich bekannt zu geben. Dies konnte nach dem hier vorliegenden Ablauf aber schon gar nicht der Fall sein.

C. Materielle Rechtmäßigkeit

I. Beratung TOP 1

Unter TOP 1 erfolgte die Vergabe der Fensterauswechslung an die Firma Fensterbau *Weber*. Stadträtin *Stein* lebt schon 25 Jahre mit dem Inhaber dieses Handwerksbetriebs unverheiratet zusammen. Sie ist nach § 32 Abs. 1 GemO ehrenamtlich tätig. Nach § 18 Abs. 1 GemO darf der ehrenamtlich tätige Bürger weder beratend noch entscheidend mitwirken, wenn die Entscheidung einer Angelegenheit ihm selbst oder bestimmten und unter den § 18 Abs. 1 Nr. 1–4 GemO aufgezählten Personen einen unmittelbaren Vorteil oder Nachteil bringen kann. Zu diesen Sachverhalten zählt aber ein unverheiratetes Zusammenleben nicht. Es lag also keine Befangenheit vor. Ein Beschluss ist nach § 18 Abs. 6 GemO rechtswidrig, wenn bei der Beratung oder Beschlussfassung die Bestimmungen der Absätze 1, 2 oder 5 verletzt worden sind oder ein ehrenamtlich tätiger Bürger ohne einen der Gründe der Absätze 1 und 2 ausgeschlossen war. Das letztere war hier der Fall. Der Beschluss ist nicht rechtmäßig zustande gekommen.

II. Beratung TOP 2

Der Bürgermeister hatte laut Sachverhalt ausgeführt, dass eine Befangenheit nicht vorliege, weil Stadtrat *Huber „keinen unmittelbaren Vorteil"* habe. Deshalb liege keine Befangenheit von Stadtrat *Huber* vor. Diese Betrachtung wäre aber nur dann korrekt, wenn man allein die Vorschriften des § 18 Abs. 1 GemO in den Blick nehmen würde. Hier aber gilt es, auch § 18 Abs. 2 GemO in die Prüfung mit einzubeziehen. Dort ist geregelt, dass die Befangenheit gemäß § 18 Abs. 1 Nr. 1 GemO auch gilt, wenn der Bürger gegen Entgelt bei jemand beschäftigt ist, dem die Entscheidung der Angelegenheit einen unmittelbaren Vorteil oder Nachteil bringen kann, es sei denn, dass nach den tatsächlichen Umständen der Beschäftigung anzunehmen ist, dass sich der Bürger deswegen nicht in einem Interessenwiderstreit befindet. Zweifelsfrei ist Stadtrat *Huber* „gegen Entgelt" bei der Firma *Gehwegbau-GmbH.* Als Prokurist ist er an exponierter Stellung in der Firmenleitung eingebunden. Anders, als etwa bei einer Reinemachekraft, ist deshalb nach den tatsächlichen Umständen der Beschäftigung nicht anzunehmen, dass sich der Bürger deswegen nicht in einem Interessenwiderstreit befindet. Ein Beschluss ist nach § 18 Abs. 6 GemO rechtswidrig, wenn bei der Beratung oder Beschlussfassung die Bestimmungen der Absätze 1, 2 oder 5 verletzt worden sind oder ein ehrenamtlich tätiger Bürger ohne einen der Gründe der Absätze 1 und 2 ausgeschlossen war. Hier lag ein Verstoß gegen § 18 Abs. 2 GemO vor. Der Beschluss war in der Folge nicht rechtmäßig zustande gekommen.

III. Beratung TOP 3

Vorbemerkung: Zunächst war zu der öffentlichen Gemeinderatssitzung schon nicht ordnungsgemäß eingeladen worden. Eine „öffentliche" Sitzung war demnach schon gar nicht möglich.

Nach § 36 Abs. 1 GemO, eröffnet, leitet und schließt der Vorsitzende die Verhandlungen des Gemeinderats. Er handhabt die Ordnung und übt das Hausrecht aus. Diese Aufgaben, die der Bürgermeister hiernach wahrzunehmen hat, müssen allerdings im Einklang mit den weiteren Rechten und Pflichten der Gemeindeordnung stehen. So hatte er durchaus das Recht, die Zuhörer zu ermahnen. Auch eine Sitzungsunterbrechung mit entsprechenden Gesprächen wäre ein geeignetes Mittel gewesen oder eine „Vertagung" (dies wäre wegen der fehlenden Einladung ohnehin das sinnvollste gewesen). Die faktische Umwandlung einer öffentlichen in eine nichtöffentliche Sitzung unter Nutzung des Hausrechts erfüllt diese Voraussetzungen jedenfalls nicht. Selbst dann, wenn zu der öffentlichen Sitzung ordnungsmäßig eingeladen und bekannt gemacht gewesen wäre, hätte hier der Bürgermeister nämlich die eigentlich öffentliche Sitzung faktisch in eine nichtöffentliche Sitzung umgestaltet. Nach § 35 Abs. 1 GemO sind aber die Sitzungen des Gemeinderats grundsätzlich öffentlich. Nichtöffentlich darf nach § 35 Abs. 1 Satz 2 GemO nur verhandelt werden, wenn es das öffentliche Wohl oder berechtigte Interessen Einzelner erfordern. Die Frage der Gewährung einer Aufstiegsprämie und eines jährlichen finanziellen Zuschusses an die Damen-Fußballmannschaft des SC Braunberg hat jedenfalls keinen Ausschluss der Öffentlichkeit aus Gründen des öffentlichen Wohls notwendig gemacht. Berechtigte Interessen Einzelner i. S. des § 35 Abs. 1 Satz 2 GemO hatten die nichtöffentliche Verhandlung ebenfalls nicht geboten. § 35 Abs. 1 Satz 1 GemO ist zudem keine lediglich formale Ordnungsvorschrift, sondern mit der Kern des Kommunalrechts in Baden-Württemberg. Damit ist der nichtöffentliche Beschluss rechtswidrig erfolgt.

D. Ergebnis

Alle Beschlüsse des Gemeinderats der Stadt Braunberg vom 17.12.2018 waren rechtswidrig.

Fall 4 Bürger wollen mitentscheiden

Aufgabentext

1. *In der 800-Einwohner-Gemeinde Grauhausen (insgesamt 650 Bürger) wird schon seit längerem in der Öffentlichkeit darüber diskutiert, ob die derzeit hauptamtliche Stelle des Bürgermeisters wieder in eine ehrenamtliche Bürgermeisterstelle umgewandelt werden soll, wie dies bis vor 15 Jahren der Fall war. Der Gemeinderat hatte sich dann in seiner Sitzung am Montag, den 22.10.2018 für die Beibehaltung der hauptamtlichen Bürgermeisterstelle entschieden. Drei Tage später fand in einer Gaststätte in Grauhausen die Bildung der „Bürgerinitiative für Ehrenamtlichkeit" statt. Es wurde dabei die Durchführung eines Bürgerbegehrens vereinbart. Dieses wurde mit der Frage versehen: „Sind Sie entgegen des Gemeinderatsbeschlusses vom 22.10.2018 für die Umwandlung der derzeitigen hauptamtlichen Bürgermeisterstelle in Grauhausen durch Änderung der Hauptsatzung in eine ehrenamtliche Bürgermeisterstelle". In der Folge hatte die Initiative 496 Unterschriften gesammelt und diese in der Form eines schriftlichen Antrags auf Durchführung eines Bürgerentscheides am 17.12.2018 an den Bürgermeister übergeben. Der Antrag enthielt eine Begründung, nach der die Kosten für einen ehrenamtlichen Bürgermeister deutlich niedriger seien wie bei einem hauptamtlichen Bürgermeister. Zudem reiche bei der Größe der Gemeinde Grauhausen eine ehrenamtliche Bürgermeisterstelle für die Aufgabenerfüllung voll aus. In der Begründung ist zudem ausgeführt, dass keine Mehrkosten erforderlich würden, und damit auch kein Vorschlag zur Kostendeckung erforderlich sei.*

2. *Bereits seit mehreren Jahren war in der Gemeinde Grauhausen darüber diskutiert worden, ob ein Bebauungsplan für ein Gewerbegebiet aufgestellt werden soll. In derselben Gemeinderatssitzung am 22.10.2018, in der die Beibehaltung der hauptamtlichen Bürgermeisterstelle beschlossen wurde, war mit knapper Mehrheit der Aufstellungsbeschluss für diesen Bebauungsplan gefasst werden. Durch ihr erfolgreiches Werben um Unterstützung für den Bürgerentscheid zur Rechtsstellung des Bürgermeisters ermutigt, hatte die „Bürgerinitiative für Ehrenamtlichkeit" in einer erneuten Zusammenkunft vereinbart, ein Bürgerbegehren gegen dieses Gewerbegebiet zu initiieren. Wieder kamen in kürzester Zeit nahezu 500 Unterstützerunterschriften zusammen. Auch diese Unterschriften wurden in Form eines Antrags auf Durchführung eines Bürgerentscheides am 9.1.2019 an den Bürgermeister übergeben. Der Antrag enthielt eine Begründung, nach der aus Gründen der Umwelt-*

erhaltung auf das Gewerbegebiet verzichtet werden solle. In der Begründung wurde zudem ausgeführt, dass keine Mehrkosten erforderlich würden, und damit auch kein Vorschlag zur Kostendeckung erforderlich sei. Der Bürgermeister hatte dann in der Gemeinderatssitzung nach der gemäß § 21 Abs. 4 GemO erforderlichen Anhörung der Vertrauenspersonen vorgetragen, dass hier kein Bürgerentscheid möglich sei. Es sei nämlich schon immer so geregelt gewesen, dass ein Bürgerentscheid nur zeitlich vor einem Aufstellungsbeschluss eines Bebauungsplans möglich ist. Der Gemeinderat hatte daraufhin die Durchführung eines Bürgerentscheids abgelehnt.

Konkrete Aufgabe

Prüfen Sie den gesamten Sachverhalt gutachtlich.

Lösungsvorschlag zu Aufgabe 1

A. Arbeitsziel

Es ist zu prüfen, wie der Gemeinderat mit dem Antrag auf Durchführung eines Bürgerentscheides umzugehen hat.

B. Ermächtigungsgrundlagen

Nach § 43 Abs. 1 GemO ist in Gemeinden mit weniger als 2000 Einwohnern der Bürgermeister Ehrenbeamter auf Zeit; in Gemeinden mit mehr als 500 Einwohnern kann durch die Hauptsatzung bestimmt werden, dass er hauptamtlicher Beamter auf Zeit ist. In den übrigen Gemeinden ist der Bürgermeister hauptamtlicher Beamter auf Zeit.

Nach der Vorschrift des § 21 Abs. 3 Satz 1 GemO kann die Bürgerschaft über eine Angelegenheit des Wirkungskreises der Gemeinde, für die der Gemeinderat zuständig ist, einen Bürgerentscheid beantragen. Diesen Vorgang nennt man ein Bürgerbegehren.

C. Formelle Rechtmäßigkeit

Ein Bürgerbegehren darf gemäß § 21 Abs. 3 Satz 2 GemO allerdings nur Angelegenheiten zum Gegenstand haben, über die innerhalb der letzten drei Jahre nicht bereits ein Bürgerentscheid aufgrund eines Bürgerbegehrens durchgeführt wurde. Das Bürgerbegehren muss gemäß § 21 Abs. 3 Satz Halbs. 1 GemO schriftlich eingereicht werden, wobei § 3a LVwVfG keine Anwendung findet. Das Bürgerbegehren wurde hier schriftlich am 17.12.2018 eingereicht. Wenn sich das Bürgerbegehren, wie hier der Fall, gegen einen Beschluss des Gemeinderats richtet, muss es gemäß § 21 Abs. 3 Satz 3 2. Halbs. GemO innerhalb von drei Monaten nach der Bekanntgabe dieses Beschlusses eingereicht sein. Diese Frist wurde hier eingehalten. Das Bürgerbegehren muss gemäß § 21 Abs. 3 Satz 4 GemO die zur Entscheidung zu bringende Frage, eine Begründung und einen nach den gesetzlichen Bestimmungen durchführbaren Vorschlag für die Deckung der Kosten der verlangten Maßnahme enthalten. Auch diese Voraussetzungen wurden eingehalten. Ein Kostendeckungsvorschlag war hier offensichtlich nicht erforderlich, da sich das Bürgerbegehren ausschließlich auf eine kosteneinsparende Maßnahme bezieht. (Hätte es eines Kostendeckungsvorschlags bedurft, wäre die Gemeinde nach § 21 Abs. 3 Satz 5 GemO verpflichtet gewesen, zu dessen Erstellung Auskünfte zur Sach- und Rechtslage zu geben.) Nach § 21 Abs. 3 Satz 6 GemO muss das Bürgerbegehren von mindestens 7 % der Bürger unterzeichnet sein, höchstens jedoch von 20000 Bürgern. Hier wären also 7 % von 650 Bürgern erforderlich gewesen. Dieses Quorum wäre bereits bei 46 Unterzeichnern erfüllt gewesen, unterschrieben haben aber 496 Bürger. Nach § 21 Abs. 4 GemO entscheidet der Gemeinderat über die Zulässigkeit eines Bürgerbegehrens.

D. Materielle Rechtmäßigkeit

Gemäß § 21 Abs. 3 Satz 1 GemO i. V. m. § 4 GemO handelt es sich hier bei der in der Hauptsatzung zu treffenden Entscheidung für einen hauptamtlichen oder ehrenamtlichen Bürgermeister um eine Angelegenheit des Wirkungskreises der Gemeinde, für die der Gemeinderat zuständig ist. Ein Bürgerbegehren darf gemäß § 21 Abs. 3 Satz 2 GemO zudem nur Angelegenheiten zum Gegenstand haben, über die innerhalb der letzten drei Jahre nicht bereits ein Bürgerentscheid aufgrund eines Bürgerbegehrens durchgeführt wurde. Dies ist hier erkennbar nicht der Fall. Allerdings findet nach § 21 Abs. 2 Nr. 3 GemO ein Bürgerentscheid nicht statt über die Rechtsverhältnisse der Gemeinderäte, des Bürgermeisters und der Gemeindebediensteten.

E. Ergebnis

Das Bürgerbegehren hält alle erforderlichen formellen Regelungen ein. Es kann jedoch auch nach Anhörung der Vertrauenspersonen nicht zustande kommen, weil der nach § 21 Abs. 4 GemO zur Entscheidung berufene Gemeinderat die Durchführung gemäß § 21 Abs. 2 Nr. 3 GemO ablehnen muss. Hierfür besteht aufgrund klarer gesetzlicher Regelung kein Ermessensspielraum. Einer anderen Entscheidung müsste der Bürgermeister gemäß § 43 Abs. 2 GemO widersprechen, bzw. würde das Einschreiten der Rechtsaufsichtsbehörde gemäß § 121 GemO erforderlich machen.

Lösungsvorschlag zu Aufgabe 2

A. Arbeitsziel

Es ist zu prüfen, ob der Gemeinderat den Antrag auf Durchführung eines Bürgerentscheides ablehnen durfte, und ggf. welche Rechtsmittel gegen den Gemeinderatsbeschluss möglich bzw. erfolgversprechend sind.

B. Ermächtigungsgrundlagen

Nach der Vorschrift des § 21 Abs. 3 Satz 1 GemO kann die Bürgerschaft über eine Angelegenheit des Wirkungskreises der Gemeinde, für die der Gemeinderat zuständig ist, einen Bürgerentscheid beantragen. Diesen Vorgang nennt man ein Bürgerbegehren.

C. Formelle Rechtmäßigkeit

Bezüglich der formellen Rechtmäßigkeit kann vollinhaltlich auf die vorstehenden Ausführungen zu 1.) lit. c verwiesen werden.

D. Materielle Rechtmäßigkeit

Gemäß § 21 Abs. 3 Satz 1 GemO i. V. m. § 4 GemO handelt es sich beim Erlass eines Bebauungsplans um eine Angelegenheit des Wirkungskreises der Gemeinde, für die der Gemeinderat zuständig ist. Ein Bürgerbegehren darf gemäß § 21 Abs. 3 Satz 2 GemO zudem nur Angelegenheiten zum Gegenstand haben, über die innerhalb der letzten drei Jahre nicht bereits ein Bürgerentscheid aufgrund eines Bürgerbegehrens durchgeführt wurde. Dies ist hier erkennbar nicht der Fall. Zwar findet nach § 21 Abs. 2 Nr. 6 GemO schon seit der Aufnahme dieser Form der Bürgerbeteiligung in das Baden-Württembergische Kommunalrecht ein Bürgerentscheid nicht statt über die Bauleitpläne und örtliche Bauvorschriften. Seit dem 1.12.2015 gilt dies mit Ausnahme des verfahrenseinleitenden Beschlusses. Hier wurde der Aufstellungsbeschluss für einen Bebauungsplan gefasst. Dabei handelt es sich um einen verfahrenseinleitenden Beschluss.

E. Ergebnis

Das Bürgerbegehren hält alle erforderlichen formellen und materiellen Regelungen ein. Über die Zulässigkeit des Bürgerbegehrens entscheidet der Gemeinderat gemäß § 21 Abs. 4 GemO nach Anhörung der Vertrauenspersonen unverzüglich, spätestens innerhalb von zwei Monaten nach Eingang des Antrags. Nachdem alle Voraussetzungen vorliegen, hätte der Gemeinderat das Bürgerbegehren für zulässig erklären müssen. Hierfür besteht kein Ermessensspielraum. Gegen die Entscheidung des Gemeinderats ist der Verwaltungsrechtsweg eröffnet.

Fall 5 Ausübung eines Vorkaufsrechts in nichtöffentlicher Gemeinderatssitzung

Aufgabentext

In der baden-württembergischen Großen Kreisstadt Gelbhausen mit 29000 Einwohnern war nach einem vorhandenen Bebauungsplan für ein Wohngebiet ein kleiner Teil eines Privatgrundstücks als Straßenfläche eingeplant. Bisher waren die Erwerbsverhandlungen der Stadt mit den Grundstückseigentümern erfolglos geblieben. Nach dem Ableben einer Miteigentümerin hatten die Erben des Grundstücks, nämlich deren Witwer und ihre sechs Kinder, eine Gesellschaft des bürgerlichen Rechts (GbR) gegründet. Alleiniger Zweck der Gesellschaft ist das Halten und Verwalten von eigenem Vermögen. Sämtliche Einlagen der Gesellschafter in die GbR erfolgten durch die Übertragung ihrer Miteigentumsanteile an dem ererbten Grundstück. Im Eigentum des Witwers standen 75/100 Gesellschaftsanteile der GbR.

In der Folge hatte der Gemeinderat bereits in mehreren Sitzungen über die Möglichkeiten zum Erwerb der Fläche zum Teil auch öffentlich diskutiert. Mit notariell beurkundetem Kaufvertrag vom 6.11.2018 veräußerte dann der Witwer seinen Gesellschaftsanteil in Höhe von 75/100 an einen Bauinteressenten zum Preis von 10000,00 Euro, wovon die Gemeinde am Mittwoch, den 5.12.2018, durch das Finanzamt Kenntnis erhielt. Bereits am nächsten Tag, also am Donnerstag, den 6.12.2018, hatte der Oberbürgermeister von Gelbhausen den Gemeinderat telefonisch zu einer nichtöffentlichen Gemeinderatssitzung auf Freitag, den 7.12.2018, 20.00 Uhr in das Rathaus einladen lassen. Einziger Tagesordnungspunkt war die „Ausübung des Vorkaufsrechts an einem Grundstück". Zur Erläuterung war lediglich ausgeführt: „Sachverhalt ist bekannt und wurde auch bereits in mehreren öffentlichen Gemeinderatssitzungen angesprochen. Deshalb kann auch bedenkenlos nichtöffentlich behandelt und beschlossen werden." In nichtöffentlicher Sitzung war dann einstimmig die Ausübung des Vorkaufsrechts gemäß § 24 Baugesetzbuch (BauGB) beschlossen worden.

Am 10.12.2018 wurde dann gegenüber dem Witwer als Veräußerer der Anteile das Vorkaufsrecht mit förmlichem Bescheid ausgeübt.

Konkrete Aufgabe

Der Witwer hatte sich als Eigentümer der veräußerten Gesellschaftsanteile direkt nach dem Erhalt des förmlichen Bescheides an sie gewandt und um eine Empfehlung für sein weiteres Vorgehen gebeten.

Lösungsvorschlag

A. Arbeitsziel

Hier ist zu prüfen, ob der Beschluss des Gemeinderats rechtmäßig zustande gekommen ist und welche Schritte dem Witwer anzuraten sind.

B. Formelle Rechtmäßigkeit

Nach § 37 Abs. 1 GemO kann der Gemeinderat nur in einer ordnungsmäßig einberufenen und geleiteten Sitzung beraten und beschließen. Nach § 34 Abs. 1 GemO beruft der Bürgermeister den Gemeinderat schriftlich oder elektronisch mit angemessener Frist ein und teilt rechtzeitig, in der Regel mindestens sieben Tage vor dem Sitzungstag, die Verhandlungsgegenstände mit. Dabei sind die für die Verhandlung erforderlichen Unterlagen beizufügen, soweit nicht das öffentliche Wohl oder berechtigte Interessen Einzelner entgegenstehen. Hier ist festzustellen, dass schon die Einladung nicht rechtzeitig erfolgt ist. Die hier gewählte Frist von nur einem Tag ist angesichts der Regelanforderung von sieben Tagen jedenfalls unzureichend. Nach dem vorliegenden Sachverhalt ist auch nicht vom Vorliegen eines „Notfalls" i. S. von § 34 Abs. 2 GemO auszugehen. Darauf deutet nämlich nichts hin. Die Erläuterung *„Sachverhalt ist bekannt, und wurde auch bereits in mehreren öffentlichen Gemeinderatssitzungen angesprochen. Deshalb kann auch bedenkenlos nichtöffentlich behandelt und beschlossen werden"* konnte einen Sachvortrag nicht hinreichend ersetzen und war für eine hinreichende Vorbereitung der Gemeinderatsmitglieder völlig unzureichend. Denn wie sollten Mitglieder des Gemeinderats, die an den betreffenden Sitzungen nicht anwesend waren, wissen, was *„bereits in mehreren öffentlichen Gemeinderatssitzungen angesprochen wurde"*.

C. Materielle Rechtmäßigkeit

Insbesondere aber entsprach die nichtöffentliche Behandlung des Tagesordnungspunkts nicht der Forderung des § 35 Abs. 1 GemO. Danach sind die Sitzungen des Gemeinderats grundsätzlich öffentlich. Nichtöffentlich darf nach § 35 Abs. 1 Satz 2 GemO nur verhandelt werden, wenn es das öffentliche Wohl oder berechtigte Interessen Einzelner erfordern. Die Frage, ob der Stadt ein Vorkaufsrecht zustehe und gemäß § 24 Abs. 1 Satz 1 Nr. 1 BauGB ausgeübt werden soll, weil in dem Bebauungsplan eine örtliche Verkehrsfläche festgesetzt ist, hat jedenfalls keinen Ausschluss der Öffentlichkeit aus Gründen des öffentlichen Wohls erfordert. Berechtigte Interessen Einzelner i. S. des § 35 Abs. 1 Satz 2 GemO hatten die nichtöffentliche Verhandlung ebenfalls nicht geboten. Auch die Einstufung der Gründung der GbR durch die Erbengemeinschaft und ein mögliches Umgehungsgeschäft rechtfertigten nicht den Ausschluss der Öffentlichkeit. Der Kaufvertrag enthält auch nichts, was im Interesse der Vertragsparteien vor der Öffentlichkeit geheim zu halten gewesen wäre und was zu einer nachteiligen Offenlegung ihrer persönlichen oder wirtschaftlichen Verhältnisse hätte führen können. Insbesondere die Offenlegung des vereinbarten Kaufpreises erfüllt diese Voraussetzungen nicht. Vielmehr gehört der Grundsatz der Öffentlichkeit von Gemeinderatssitzungen zu den wesentlichen Verfahrensbestimmungen des Gemeinderechts. Er ist im demokratischen Rechtsstaat eines der wichtigsten Mittel, das Interesse der Bürgerschaft an der Selbstverwaltung zu wecken und zu erhalten. Er hat die Funktion, dem Gemeindebürger Einblick in die Tätigkeit der Vertretungskörperschaften und ihrer einzelnen Mitglieder zu ermöglichen und dadurch eine auf eigener Kenntnis und Beurteilung beruhende Grundlage für eine sachgerechte Kritik sowie die Willensbildung zu schaffen. Zudem kann damit der Gemeinderat der allgemeinen Kontrolle der Öffentlichkeit unterstellt werden. Mit dem Grundsatz der Öffentlichkeit kann auch dazu beigetragen werden, der unzulässigen Einwirkung persönlicher Beziehungen, Einflüsse und Interessen auf die Beschlussfassung des Gemeinderats vorzubeugen. So soll nach der Rechtsprechung des Verwaltungsgerichtshofs Baden-Württemberg (VGH) bereits der Anschein vermieden werden, dass *„hinter verschlossenen Türen"* unsachliche Motive für die Entscheidung maßgebend gewesen sein könnten. § 35 Abs. 1 Satz 1 GemO ist danach keine lediglich formale Ordnungsvorschrift. Die Regelung in § 4 Abs. 4 Satz 2 Nr. 2 GemO bestätigt dies. Nach § 4 Abs. 2 Satz 1 GemO gelten nämlich Satzungen, die unter Verletzung von Verfahrens- oder Formvorschriften dieses Gesetzes oder aufgrund dieses Gesetzes zustande gekommen sind, ein Jahr nach der Bekanntmachung als von Anfang an gültig zustande gekommen. Satzungen, die unter Verletzung der Vorschriften über die Öffentlichkeit der Sitzung zustande gekommen sind, sind dagegen davon gemäß § 4 Abs. 4 Satz 2 Nr. 2 GemO ausdrücklich ausgenommen. Der Gedanke des § 46 LVwVfG, dass ein Verfahrensfehler rechtlich folgenlos bleiben soll, wenn sich die Entscheidung in der Sache als zutreffend erweist, kann danach bei Verstößen gegen § 35 Abs. 1 Satz 1 GemO keine Gültigkeit beanspruchen. Die in der Erläuterung zum Tagesordnungspunkt enthaltene Argumentation, dass der Sachverhalt bekannt ist, und auch bereits in mehreren öffentlichen Gemeinderatssitzungen angesprochen worden sei, führt zu keinem anderen Ergebnis. § 35 Abs. 1 Satz 1 GemO lässt sich nämlich nicht dahingehend einschränkend verstehen, dass in Fällen, in denen die mit dem Beratungsgegenstand verbundenen Aspekte ohnehin bekannt sind, die Sitzungen des Gemeinderats auch nichtöffentlich sein könnten. Dasselbe Ergebnis ergibt sich in den Fällen, in denen in einer oder mehreren nichtöffentlichen Sitzungen die Wege zu einer Vorkaufsrechtsentscheidung geebnet wurden und dann der Beschluss sozusagen nur noch „pro forma" öffentlich erfolgt.

D. Ergebnis

Der Gemeinderatsbeschluss ist formell und materiell rechtswidrig. Dieser Beschluss kann auch nicht geheilt werden.

E. Empfehlung an den Witwer

Er müsste gegen den Bescheid der Stadt über die Ausübung des Vorkaufsrechts gemäß § 24 BauGB Widerspruch und dann ggf. Anfechtungsklage nach § 42 VwGO erheben.

Fall 6 Zur Rechtmäßigkeit von Eilentscheidungen des Bürgermeisters

Aufgabentext

In der 4000 Einwohner großen baden-württembergischen Gemeinde Rothausen hatte der Bürgermeister am Ende der sommerlichen Schulferien Anfangs September 2018 folgendes Schreiben an die Mitglieder des Gemeinderats versandt.

> *„Sehr geehrte Damen und Herren des Gemeinderats der Gemeinde Rothausen,*
>
> *in dringenden Angelegenheiten des Gemeinderats, deren Erledigung auch nicht bis zu einer ohne Frist und formlos einberufenen Gemeinderatssitzung (§ 34 Abs. 2 GemO) aufgeschoben werden kann, entscheidet nach § 43 Abs. 4 GemO der Bürgermeister anstelle des Gemeinderats.*
>
> *Schon seit vielen Jahren finden während der schulischen Sommerferien keinerlei Sitzungen des Gemeinderats und seiner Ausschüsse statt.*
>
> *Vor diesem Hintergrund möchte ich Sie über folgende Eilentscheidungen des Bürgermeisters während der schulischen Sommerferien vom Donnerstag, 26.7.2018, bis Samstag, 8.9.2018, informieren:*

a) Insgesamt waren drei beschränkte Ausschreibungen zur Vergabe zu bringen, da ansonsten die Bindungsfristen abgelaufen wären. Vom Bürgermeister wurde im August 2018 jeweils an den günstigsten Bieter vergeben. Der Gemeinderat hätte ohnehin nicht anders entscheiden können.

b) Da der bisherige Hauptamtsleiter verstorben war, hat der Bürgermeister einen Beamten für die Stelle gewinnen können und diesen am 15.8.2018 zum Gemeindebeamten ernannt. Aufgrund des erforderlichen Einvernehmens gemäß § 24 GemO könne der Gemeinderat ohnehin nicht gegen den Willen des Bürgermeisters anders entscheiden.

c) Da das Dienstfahrzeug des Bürgermeisters bereits über 180000 km Laufleistung aufgewiesen habe, wurde ein kurzfristiges Angebot eines örtlichen Händlers wahrgenommen und am 30.7.2018 ein neuer Dienstwagen für 60000 Euro erworben. Im Haushaltsplan war diese Anschaffung nicht vorgesehen, Dies entspreche nach Auffassung des Bürgermeisters jedoch dem Gebot der Wirtschaftlichkeit und Sparsamkeit in besonderer Weise. Die Gemeinde habe hier eine gute Chance wahrgenommen. Es sei insbesondere Aufgabe des Bürgermeisters, auch außerhalb der Haushaltsplanung Chancen der Gemeinde zu nutzen.

Ein Mitglied des Gemeinderats hält diese Eilentscheidungen des Bürgermeisters für rechtswidrig und hat das Landratsamt aufgefordert, einzuschreiten. Durch entsprechende Indiskretionen hatte auch die örtliche Tageszeitung von den Vorgängen Kenntnis erhalten und einen Kommentar mit der Überschrift „Gemeinderat vom Bürgermeister ausgetrickst" veröffentlicht. In der nächsten Kreistagssitzung wollen mehrere Kreistagsmitglieder vom Landrat wissen, was dieser bzw. das Landratsamt als Rechtsaufsichtsbehörde (RAB) der Gemeinde Rothausen zu tun gedenken."

Konkrete Aufgaben

1) Prüfen Sie, ob der Landrat den nachfragenden Kreisräten antworten muss.

2) Es ist weiter zu prüfen, ob die getroffenen Eilentscheidungen des Bürgermeisters rechtens waren.

3) Letztlich ist zu prüfen, ob und inwieweit das Landratsamt als RAB gefordert ist.

Lösungsvorschlag zu Aufgabe 1

A. Arbeitsziel

Es ist zu prüfen, ob der Landrat den nachfragenden Kreisräten antworten muss

B. Anspruchsgrundlage

Nach § 19 Abs. 3 LKrOkann eine Fraktion oder ein Sechstel der Kreisräte in allen Angelegenheiten des Landkreises und seiner Verwaltung verlangen, dass der Landrat den Kreistag unterrichtet.

C. Formelle Rechtmäßigkeit

Sachlich zuständig wäre der Landrat für die Antwort.

D. Materielle Rechtmäßigkeit

Der Landrat müsste nur antworten, wenn es sich bei den Fragen der Kreisräte um „Angelegenheiten des Landkreises und seiner Verwaltung" gehandelt hätte. Die Fragen betrafen aber keine Angelegenheit des Landkreises und seiner Verwaltung, sondern die Tätigkeit des Landratsamts als Rechtsaufsichtsbehörde. Das Landratsamt ist nämlich nach § 1 Abs. 3 LKrO zugleich untere Verwaltungsbehörde. Als untere Verwaltungsbehörde ist das Landratsamt staatliche Behörde.

E. Ergebnis

Vor diesem Hintergrund musste der Landrat nicht auf die Anfragen der Kreisräte antworten.

Lösungsvorschlag zu Aufgabe 2

A. Arbeitsziel

Zu prüfen ist, ob die Eilentscheidungen des Bürgermeisters rechtmäßig ergangen sind.

B. Formelle Rechtmäßigkeit

Nach § 34 Abs. 1 GemO beruft der Bürgermeister den Gemeinderat mit angemessener Frist ein und teilt rechtzeitig in der Regel mindestens sieben Tage vor dem Sitzungstag die Verhandlungsgegenstände mit. Der Gemeinderat ist einzuberufen, wenn es die Geschäftslage erfordert; er soll jedoch mindestens einmal im Monat einberufen werden.

Von einer Sommerpause ist dagegen in der Gemeindeordnung keinerlei Rede. In Notfällen kann zudem der Gemeinderat gemäß § 34 Abs. 2 GemO auch ohne Frist, formlos und nur unter Angabe der Verhandlungsgegenstände eingeladen werden. Die Bezeichnung „Notfall“ im Gesetz ist hier allerdings etwas irreführend. Denn unter einem Notfall versteht man in der Umgangssprache meist ein Ereignis mit negativem Umfeld. Die hier vorgenommene Einordnung der Gemeinderatssitzung in „Notfällen“ erhellt sich aber mit Blick auf § 43 Abs. 4 GemO. Danach entscheidet der Bürgermeister in dringenden Angelegenheiten des Gemeinderats, deren Erledigung auch nicht bis zu einer ohne Frist und formlos einberufenen Gemeinderatssitzung gemäß § 34 Abs. 2 GemO aufgeschoben werden kann, anstelle des Gemeinderats. Demzufolge ist die fristgerechte Einladung gemäß § 34 Abs. 1 GemO der Regelfall, die „Notfallsitzung“ gemäß § 34 Abs. 2 GemO der Ausnahmefall und die Eilentscheidung des Bürgermeisters erst das allerletzte Mittel. Daran gemessen war für eine Eilentscheidung des Bürgermeisters hier noch kein Raum, denn die Sitzung nach § 34 Abs. 2 GemO war in allen drei Fällen noch möglich. Alle drei Entscheidungen hätten nämlich entweder mit einer „normalen“ Sitzung erledigt werden können, jedenfalls aber mit einer fristlos und formlosen Sitzung nach § 34 Abs. 2 GemO, oder aber wäre insbesondere zur Aufgabenstellung in b) und c) eine Verschiebung in die Zeit nach den Schulferien problemlos möglich gewesen.

C. Materielle Rechtmäßigkeit

Zu a)

Wenn sich ein öffentlicher Auftraggeber zu einer beschränkten Ausschreibung nach der VOB/A entschließt, ist dieser Entscheidung immanent, dass als Ergebnis der Submission alleine der Preis zu werten ist. Denn bei der Auswahl der gewünschten Bieter war bei deren im Rahmen der beschränkten Ausschreibung erforderlichen Überprüfung die Leistungsfähigkeit, Bonität usw. bereits zu prüfen gewesen. Insofern war das Ermessen der Kommune hier auf „Null“ reduziert und die entsprechenden Entscheidungen des Bürgermeisters materiell-rechtlich fehlerfrei. Dies ändert aber nichts an der formellen Rechtswidrigkeit.

Zu b)

Nach § 24 Abs. 2 Satz 1 GemO entscheidet der Gemeinderat im Einvernehmen mit dem Bürgermeister über die Ernennung, Einstellung und Entlassung der Gemeindebediensteten. Das Gleiche gilt für die nicht nur vorübergehende Übertragung einer anders bewerteten Tätigkeit bei einem Arbeitnehmer sowie für die Festsetzung des Entgelts, sofern kein Anspruch aufgrund eines Tarifvertrags besteht. Kommt es zu keinem Einvernehmen, entscheidet gemäß § 24 Abs. 2 Satz 2 GemO der Gemeinderat mit einer Mehrheit von zwei Dritteln der Stimmen der Anwesenden allein. Gerade aber dieses Recht wurde dem Gemeinderat hier genommen. Diese Entscheidung war deshalb zweifelsfrei materiell-rechtlich rechtswidrig.

Zu c)

Man darf davon ausgehen, dass in einer 4000-Einwohner-Gemeinde der Gemeinderat für eine Anschaffung in der Größenordnung von immerhin 60000,00 Euro zuständig ist und dass insbesondere keine Angelegenheit der laufenden Verwaltung vorliegt. Es ist zudem keine Veranschlagung der Neuanschaffung eines 60000,00 Euro teuren Dienstwagens im Haushaltsplan vorhanden. Es ist auch *nicht „insbesondere Aufgabe des Bürgermeisters"*, außerhalb der Haushaltsplanung *„Chancen der Gemeinde zu nutzen"*. Denn die Gemeinde, und der Bürgermeister ist gemäß § 23 GemO Verwaltungsorgan der Gemeinde und gemäß Art. 20 Abs. 3 GG zur Rechtmäßigkeit ihrer Verwaltung verpflichtet. Dazu gehört untrennbar die Bindung an die vom Gemeinderat aufzustellende Haushaltssatzung samt Haushaltsplan.

D. Ergebnis

Alle getroffenen Eilentscheidungen waren bereits formell rechtswidrig. Dass die Entscheidung zu a) sich materiell als rechtmäßig darstellt, hilft im Ergebnis nicht weiter.

Lösungsvorschlag zu Aufgabe 3

A. Arbeitsziel

Es ist zu prüfen, ob die RAB gegen die Eilentscheidungen des Bürgermeisters vorzugehen hat.

B. Ermächtigungsgrundlage

Für ein solches Einschreiten der RAB im Wege der Beanstandung kommt hier § 121 Abs. 1 GemO in Betracht.

C. Formelle Rechtmäßigkeit

Formell rechtmäßig ist die Beanstandung der RAB, wenn u. a. deren Zuständigkeit in sachlicher, instanzieller und örtlicher Hinsicht gegeben ist. Rechtsaufsichtsbehörde ist nach § 119 GemO das Landratsamt als untere Verwaltungsbehörde. Sachlich zuständig ist die RAB, wenn es sich gemäß § 118 Abs. 1 Satz 1 GemO um eine weisungsfreie Angelegenheit handelt. Bei den Eilentscheidungen des Bürgermeisters handelt es sich um weisungsfreie Angelegenheiten, für deren Rechtmäßigkeitskontrolle das Landratsamt als RAB zuständig ist. Nach alledem liegen die formellen Voraussetzungen für eine Beanstandung der Eilentscheidungen des Bürgermeisters durch die RAB vor.

D. Materielle Rechtmäßigkeit

Hierzu ist auf die Ausführungen zu Aufgabe 2 C zu verweisen. Danach ist die Eilentscheidung zu a) materiell rechtmäßig ergangen. Dagegen waren die Entscheidung zu b) und c) materiell rechtswidrig. Das Gesetz ist dann verletzt, wenn eine Entscheidung formell und/oder materiell rechtswidrig ist,

E. Ergebnis

Damit liegen im Ergebnis drei Eilentscheidungen des Bürgermeisters für seine Gemeinde vor, die allesamt das Gesetz verletzen. Die Voraussetzungen der Ermächtigungsgrundlage des § 121 Abs. 1 GemO liegen damit vor.

F. Rechtsfolge

Auf der Rechtsfolgenseite räumt § 121 Abs. 1 GemO der RAB Ermessen ein, welches gemäß § 40 LVwVfG pflichtgemäß auszuüben ist, also sog. Aufsichtsermessen. Insoweit ist zu berücksichtigen, dass der Bürgermeister gegen mehrere von der GemO mit besonderen Voraussetzungen ausgestattete Vorschriften verstoßen hat. Dies kann schon unter Berücksichtigung der Bindung auch der kommunalen Selbstverwaltung an den rechtsstaatlichen Gesetzmäßigkeitsgrundsatz aus Art. 20 Abs. 3 GG nicht hingenommen werden. Daher ist hier ein Einschreiten im Wege der Beanstandung nach § 121 GemO angezeigt. Die RAB würde somit ermessensfehlerfrei handeln, wenn sie den Gemeinderatsschluss beanstanden würde.

G. Gesamtergebnis

Ein Einschreiten der RAB wäre insgesamt rechtmäßig und geboten.

Fall 7 Zweckverband und Befangenheit

Aufgabentext

Felix Gscheidle war im Februar 2018 in seiner Heimatgemeinde Blauberg zum Bürgermeister gewählt worden. Die Gemeinde Blauberg ist zusammen mit der Gemeinde Rothausen und der Großen Kreisstadt Gelbhausen Trägerin eines Zweckverbands, der ein Schulzentrum betreibt. Bürgermeister Gscheidle war zum Verbandsvorsitzenden des Zweckverbands gewählt worden. Da das bisherige Schulzentrum, das sich auf dem Gemeindegebiet der Gemeinde Blauberg befindet, „in die Jahre gekommen ist", wird seit einiger Zeit eine Diskussion innerhalb des Zweckverbands geführt, ob das Schulzentrum nicht besser in der Großen Kreisstadt Gelbhausen neu errichtet werden soll.

1) *In der öffentlichen Verbandsversammlung vom 23.10.2018 stand diese Grundsatzfrage auf der Tagesordnung der öffentlichen Sitzung der Zweckverbandsversammlung im Rathaus von Gelbhausen. Der Zweckverbandsvorsitzende, Bürgermeister Felix Gscheidle aus Blauberg hielt zum Eingang der Debatte ein emotionales Plädoyer für die Beibehaltung des bisherigen Schulstandortes in Blauberg. Daraufhin hatte der Oberbürgermeister von Gelbhausen beantragt, den Zweckverbandsvorsitzenden für befangen zu erklären. Dieser hatte sich mit mehreren Wortbeiträgen heftig dagegen zur Wehr gesetzt. Schließlich hatte der Oberbürgermeister von Gelbhausen als stellvertretender Zweckverbandsvorsitzender die Sitzungsleitung übernommen und darüber abstimmen lassen, ob Bürgermeister Gscheidle befangen und von der Sitzung auszuschließen ist. Die Gelbhausener Vertreter hatten mit allen fünf Stimmen für die Feststellung der Befangenheit gestimmt, die Blauberger Vertreter mit allen sechs Stimmen, inklusive der Stimme von Bürgermeister Gscheidle, dagegen und die Rothauser Vertreter mit vier Stimmen für die Feststellung der Befangenheit und mit einer Stimme dagegen. In der Folge hatte der Oberbürgermeister von Gelbhausen festgestellt, dass der Verbandsvorsitzende mit neun Ja-Stimmen, bei sieben Gegenstimmen für befangen erklärt wurde. Er hatte daraufhin den Verbandsvorsitzenden des Sitzungssaales verwiesen. Der Verbandsvorsitzende hatte den Sitzungsraum unter Protest verlassen und Rechtsmittel angekündigt. Zwei Tage später berichtete die Lokalzeitung unter der Überschrift „Eklat im Zweckverband" über den Vorfall. Bitte nehmen Sie gutachtlich zu den Vorgängen Stellung und geben Sie dem Verbandsvorsitzenden eine Empfehlung für sein weiteres Vorgehen.*

2) *Kurze Zeit später hatten sich die Mitglieder des Zweckverbands grundsätzlich auf die Beibehaltung des Schulstandorts in Blauberg geeinigt. In der Verbandsversammlung vom 16.11.2018 ging es dann um den Grundsatzbeschluss über den konkreten künftigen Schulstandort in Blauberg. Die Verbandsversammlung unter Vorsitz von Zweckverbandsvorsitzendem Bürgermeister Felix Gscheidle einigte sich dabei nach langer Diskussion auf den Standort „Bärenschanze". Die Entscheidung fiel diesmal einstimmig. Zwei Wochen später hatte die Lokalzeitung unter Bezug auf „gewöhnlich gut unterrichtete Kreise" exklusiv berichtet, dass die Grundstücke am Standort Standort „Bärenschanze" im Eigentum der Schwester der geschiedenen Ehefrau von Bürgermeister Felix Gscheidle stehen. Die Standortentscheidung sei deshalb „ein Skandal", denn der Verbandsvorsitzende sei befangen gewesen. Es sei schließlich allgemein bekannt, dass Felix Gscheidle bereits seit mehreren Jahren mit der Schwester seiner geschiedenen Ehefrau zusammenlebe. Das Paar habe auch zwei gemeinsame Kinder. Bitte nehmen Sie gutachtlich dazu Stellung.*

Konkrete Aufgabe

Prüfen Sie den gesamten Sachverhalt gutachtlich.

Lösungsvorschlag zu Aufgabe 1

A. Arbeitsziel

Hier ist zu prüfen, ob der Beschluss der Verbandsversammlung über die Feststellung der Befangenheit des Verbandsvorsitzenden rechtmäßig zustande gekommen ist, und welche Empfehlung dem Zweckverbandsvorsitzendem gegeben werden kann.

B. Formelle Rechtmäßigkeit

Grundsätzlich finden sich die einschlägigen Vorschriften für Zweckverbände im Gesetz über kommunale Zusammenarbeit (GKZ). Soweit nicht ein Gesetz oder die Verbandssatzung besondere Vorschriften trifft, finden nach § 5 Abs. 2 GKZ auf den Zweckverband die für Gemeinden geltenden Vorschriften entsprechende Anwendung. Treffen diese Bestimmungen für einzelne Gruppen von Gemeinden nach ihrer Einwohnerzahl oder ihrer Eigenschaft als Stadtkreise, Große Kreisstädte und sonstige Gemeinden unterschiedliche Regelungen, so sind die Vorschriften anzuwenden, die für die Beteiligten der höheren Ordnung maßgebend sind. Nach § 13 Abs. 6 GKZ sind die Vertreter der Verbandsmitglieder in der Verbandsversammlung ehrenamtlich tätig. Im GKZ finden sich jedoch keine allgemeinen Bestimmungen in Bezug auf die Befangenheit. Insoweit ist also zunächst von den Regelungen in § 18 der GemO auszugehen. Ob ein Ausschließungsgrund vorliegt, entscheidet in Zweifelsfällen in Abwesenheit des Betroffenen bei Gemeinderäten und bei Ehrenbeamten der Gemeinderat, bei Ortschaftsräten der Ortschaftsrat, bei Mitgliedern von Ausschüssen der Ausschuss, sonst der Bürgermeister. In sachgerechter Anwendung dieser Vorschriften der GemO war die Verbandsversammlung das richtige Gremium für die Entscheidung über das Vorliegen einer Befangenheit des Verbandsvorsitzenden. Die Entscheidung über die Befangenheit hätte aber in Abwesenheit des Betroffenen erfolgen müssen. Nach dem Aufgabentext hat dieser jedoch nicht nur an der Beratung, sondern auch an der Abstimmung teilgenommen. Zudem hätte der Sitzungsleiter den Verbandsvorsitzenden unter keinen Umständen, auch bei Vorliegen einer Befangenheit, aus dem Sitzungssaal verweisen dürfen. Wer an der Beratung und Entscheidung nicht mitwirken darf, muss nämlich nach § 18 Abs. 5 GemO lediglich die Sitzung verlassen. Bei einer öffentlichen Sitzung bedeutet dies, dass er wie andere Bürger auch, im Zuhörerbereich des Sitzungssaales verbleiben darf. Im Übrigen erfolgte die Feststellung des Abstimmungsergebnisses nicht rechtmäßig. Denn nach § 13 Abs. 2 Satz 3 GKZ können die mehreren Stimmen eines Verbandsmitglieds nur einheitlich abgegeben werden. Die Rothauser Vertreter hatten aber laut Aufgabentext mit drei Stimmen für die Feststellung der Befangenheit und mit zwei Stimmen dagegen gestimmt. Damit lag aber entgegen § 13 Abs. 2 Satz 3 GKZ keine einheitliche Stimmabgabe vor. Damit wären die Stimmen der Vertreter der Gemeinde Rothausen allesamt als ungültig zu werten gewesen.

C. Materielle Rechtmäßigkeit

Der ehrenamtlich tätige Bürger darf weder beratend noch entscheidend mitwirken, wenn die Entscheidung einer Angelegenheit ihm selbst oder u. a. gemäß § 18 Abs. 1 Nr. 4 GemO einer von ihm kraft Gesetzes oder Vollmacht vertretenen Person einen Vorteil oder Nachteil bringen kann. Dies gilt nach § 18 Abs. 2 Nr. 1 GemO auch, wenn der Bürger gegen Entgelt bei jemand beschäftigt ist, dem die Entscheidung der Angelegenheit einen unmittelbaren Vorteil oder Nachteil bringen kann, es sei denn, dass nach den tatsächlichen Umständen der Beschäftigung anzunehmen ist, dass sich der Bürger deswegen nicht in einem Interessenwiderstreit befindet. Dies war aber beides der Fall, da der Bürgermeister von *Blauberg* nicht nur seine Gemeinde kraft Gesetzes vertritt, sondern als hauptamtlicher Bürgermeister gegen Entgelt bei der Gemeinde beschäftigt ist. Hier greift allerdings die Sonderregelung des § 13 Abs. 6 Satz 3 GKZ. Danach findet § 18 Abs. 1 Nr. 4 und Abs. 2 Nr. 1 GemO keine Anwendung, wenn die Entscheidung wegen der Wahrnehmung einer Aufgabe des Zweckverbands ein Verbandsmitglied betrifft oder wenn sie Verpflichtungen der Verbandsmitglieder betrifft, die sich aus ihrer Zugehörigkeit zum Zweckverband ergeben und für alle zum Verband gehörenden Mitglieder nach gleichen Grundsätzen festgesetzt werden. Ohne diese Ausnahme wären nämlich die Bürgermeister immer dann befangen, wenn auf ihrer Markung oder für ihre Gemeinde der Zweckverband tätig wird. In der Praxis bedeutet dies, dass ein Bürgermeister nicht schon bei der Frage, ob auf seiner Markung eine Einrichtung des Zweckverbands, wie hier ein Schulzentrum, errichtet werden soll, als befangen anzusehen ist. Er ist vielmehr erst dann befangen, wenn es z. B. um den Grunderwerb dafür von der Gemeinde geht.

D. Ergebnis

Nach alledem war der Zweckverbandsvorsitzende hier nicht befangen. Er konnte gegen diesen Beschluss der Verbandsversammlung mit einer Anfechtungsklage beim Verwaltungsgericht nach § 42 VwGO vorgehen.

Lösungsvorschlag zu Aufgabe 2

A. Arbeitsziel

Hier ist zu prüfen, ob der Beschluss der Verbandsversammlung über den Standort des Schulzentrums in rechtlich einwandfreier Form zustande gekommen ist.

B. Formelle Rechtmäßigkeit

Hierzu ist auf die Ausführungen zu Aufgabe 1 zu verweisen.

C. Materielle Rechtmäßigkeit

Im Gegensatz zur Aufgabe 1 findet § 18 Abs. 1 GemO hier vollumfänglich Anwendung. Es handelt sich hier nämlich um eine Befangenheit, die den allgemeinen Regeln unterliegt. Danach darf der ehrenamtlich tätige Bürger weder beratend noch entscheidend mitwirken, wenn die Entscheidung einer Angelegenheit ihm selbst oder nach § 18 Abs. 1 Nr. 3 GemO einem in gerader Linie oder in der Seitenlinie bis zum zweiten Grad Verschwägerten oder als verschwägert Geltenden einen Vorteil oder Nachteil bringen kann. Dies gilt allerdings nur, solange die die Schwägerschaft begründende Ehe oder Lebenspartnerschaft nach § 1 des Lebenspartnerschaftsgesetzes besteht. Aus dem Aufgabentext ergibt sich aber, dass es sich bei der begünstigten Person um die Schwester der geschiedenen Frau des Bürgermeisters handelt. Damit ist diese frühere Schwägerschaft i. S. von § 18 Abs. 1 GemO unbeachtlich geworden. Die nach dem Aufgabentext bestehende Partnerschaft des Bürgermeisters und Zweckverbandsvorsitzenden mit seiner früheren Schwägerin führt dabei ebenso wenig zu einer Befangenheit wie die genannten zwei gemeinsamen Kinder. Denn die frühere Schwägerin ist nicht Ehefrau und kann schon grundsätzlich nicht Lebenspartnerin nach dem Lebenspartnerschaftsgesetz sein.

D. Ergebnis

Der Zweckverbandsvorsitzende war nicht befangen.

Ade | Pautsch

Gemeindeordnung für Baden-Württemberg

Das Kommunalverfassungsrecht ist einem stetigen Wandel unterworfen. Dazu gibt es eine Fülle aktueller Rechtsprechung und Praxiserfahrungen. Der Kommentar behandelt alle rechtlichen und verfahrensmäßigen Fragen anschaulich und verständlich.

Die Kommentierung enthält kompetente, praxisorientierte und leicht verständliche Erläuterungen der gesetzlichen Bestimmungen. Berücksichtigt sind Rechtsprechung und Literatur mit Fundstellen. Aus praktischen Erwägungen ist der jeweiligen Kommentierung der Gesetzestext im Zusammenhang vorangestellt.

Kommentar
2018,
kartoniert,
432 Seiten, 59,– EUR
ISBN 978-3-8293-1289-9

Textausgabe,
3. Auflage 2019,
kartoniert,
236 Seiten, 12,80 EUR
ISBN 978-3-8293-1450-3

Steger | Bock (Hrsg.)

Kommunalverfassungsgesetze Baden-Württemberg

Die Textausgabe Kommunalverfassungsgesetze Baden-Württemberg ist eine wichtige Orientierungs- und Arbeitshilfe für alle kommunalen Funktionsträger(innen), Fraktionen, Verbände, Institutionen, Verwaltungsgerichte, Verwaltungsschulen, Gemeinde-, Stadt-, Kreisverwaltungen, und interessierten Bürger(innen). Sie eignet sich insbesondere als Informationsbasis für die Gemeinderäte und Kreisräte.

Die in dieser Ausgabe neben Auszügen aus Grundgesetz und Landesverfassung zusammengefassten Gesetzestexte – Gemeindeordnung, Landkreisordnung, Kommunalwahlgesetz, Gesetz über kommunale Zusammenarbeit, Nachbarschaftsverbandsgesetz, Eigenbetriebsgesetz und Landeskommunalbesoldungsgesetz – bilden eine solide Grundlage für die praktische Arbeit.

Kommunal- und Schul-Verlag GmbH & Co. KG, Konrad-Adenauer-Ring 13, 65187 Wiesbaden 100320
bestellung@kommunalpraxis.de, www.kommunalpraxis.de
Preisänderungen, -irrtümer und Umfangkorrekturen vorbehalten.